U0000648

跑壘學全書

圖解

要得分，就得學會怎麼跑壘

內野暨跑壘教練許峰賓
職棒球員周思齊 著

BASEBALL
RUNNING

CONTENTS

Part 1

029

從本壘板與壘包
了解棒球運動

CONTENTS

CONTENTS

為棒球訓練盡一份心力

世界棒總副會長、亞洲棒總會長／彭誠浩

棒球一直是我人生中很重要的一部分，投入在棒球的時間已超過了六十年，這對許多人來說，的確是個不算短的時間哪！回想起年輕時對棒球的熱忱，在就讀文化大學時，為了催生棒球隊，想辦法募款、找場地，現在想想真的是很有趣的回憶。在我有能力回饋社會時，也持續地投入各級棒球中，希望讓這些熱愛打球的孩子，都有機會向夢想前進。

許峰賓是我過去贊助過的選手，很有想法，也很願意吸收新知。當我知道他曾經自費前往美國學習新的跑壘知識，並將所學編排成跑壘教材而邀請我推薦這本書時，我馬上就答應了。

過去棒球的教學中，是靠著教練的專業、熱忱，但隨著時代的進步，開始發展出各種專業的教學。在日本，棒球相關的書籍很多，包含了職棒的、高校棒球等各種主題的書籍、光碟都有，相當的豐富，不過台灣比較少看到這一類型的教學書，不知是否怕銷售狀況不好，出版社不敢出版這類的冷門教學書。我樂見有這樣的棒

球基礎教學書的誕生。

　　這本《圖解跑壘學全書》並非很枯燥地直接進入教學，許峰賓教練分享了過去在美國見習的所見所聞，以及他對美國與台灣跑壘教學的看法，並且簡單介紹關於壘包的歷史、重要的跑壘規則說明與舉例。後續的教學部分，清楚地以每個壘包為分類，用圖解方式說明了各種情境下跑壘的技巧，因此不僅僅是一本技術類的書籍，也是相當淺顯易懂的壘包知識書籍。

　　許峰賓在這之前即帶著相關的教材在偏鄉學校中投入教學，相信這本書出版後，可以隨著跑壘訓練的課程在基層扎根，我也相信這對基層棒球是一件很有助益的事情。

專業教練與球員的共同心血

UNDER ARMOUR 台灣總代理、星裕國際總經理／王立人

自2013年我司代理運動品牌UNDER ARMOUR開始，即與思齊有著緊密合作，以專業的裝備協助他在賽場上能有更好的表現。

一直以來，思齊對於基層棒球教育投注大量心血，「球芽基金」的成立也培育了許多優秀的棒球人才，我們也相當榮幸與思齊有更多合作機會，一同幫助台灣年輕運動員，創造更優質的運動環境與生態。

《圖解跑壘學全書》是思齊與中信兄弟許峰賓教練藉由多年職棒賽場經驗，融合許教練自美國MLB農場學習的跑壘知識與技術，共同合著的台灣首本棒球跑壘觀念教學著作。許峰賓教練自職業賽場退休後，前往美國小聯盟進修更先進的棒球技術觀念，是國內少數具有跑壘教學特長的教練。

本書中，許教練與思齊透過賽局情境、動作拆解、圖解輔助說明，精準傳達棒球運動中較為忽略的跑壘技術觀念，期盼給予基層

棒球環境更精進、更詳盡的棒球學習教材。

　　誠如之前所提，我們非常榮幸能與思齊共同創造更優質的運動環境，經由他與許峰賓教練的心血著作，能讓更多喜好棒球運動的年輕學子，提升其棒球技術觀念，並同時能協助基層棒球教練們，在技術教學上有著更豐富的教材來傳遞給每位運動員。

　　我誠心推薦給每位熱愛棒球或是從事棒球運動的你，唯有如此專業的棒球技術著作，方能提升台灣棒球運動的表現，並建構更專業的棒球產業環境。

淺顯易懂的
初階跑壘教材

體育主播／**陳捷盛**

2019年的棒球季，我有榮幸和許峰賓教練一起合作轉播中職統一獅主場的比賽，當時對於阿賓教練的印象就是思考邏輯清楚，能夠在轉播中即時發現比賽中的一些細節。

或許因為他曾經擔任過二軍總教練，所以能用更多不同的觀點分析棒球場上的情況，所以當阿賓教練詢問我能否替這本書寫推薦，我立刻阿莎力的說好（也算是沾光）。

阿賓教練的球員生涯雖然不以長打見長（生涯四百三十三個打數僅一轟），卻有很好的腳程，但棒球比賽中，跑壘不能只靠腳程，出局數、隊友的擊球內容還有判斷，都是環環相扣，所以以他的角度指導跑壘，我相信一定能帶給閱讀本書的讀者不少收穫。

這本書另一位作者周思齊，這幾年來我也有機會和他合作一些活動。「亞洲選球小王子」對於細節的要求是有目共睹（包含個人造型），這幾年也透過自己的球芽基金深耕國內基層棒球，加上已經有作家的斜槓身分，我相信內容與品質禁得起考驗！

轉播棒球這幾年下來，也常遇到場上有關跑壘的特殊狀況。在結果論的棒球運動中，有些時候出局並不一定是錯誤的跑壘，得分也不代表一些判斷是正確的，這本書用淺顯易懂的方式傳遞出跑壘的精髓，希望讓棒球迷、棒球媒體工作人員，還有正在學習棒球運動的基層選手，能夠更了解跑壘這門藝術，在棒球賽中的重要性！

台灣跑壘教材的
第一步嘗試

球芽基金 理事長／**蕭莉綾**

過去跟棒球相關的營隊、課程，我腦袋中的畫面大概就是以「投」、「打」為主的練習，頂多加上「守備」的訓練，我覺得光要打得好、守得好就是一門學不完的學問了，從沒想過光「跑壘」也能成為一門很極致的專業與技術。

2021年底，許教練帶著他努力建構出來的教材在花蓮跟苗栗籌辦以跑壘為主的訓練課程，我不知道這是不是基層棒球第一次「跑壘」的主題式教學，我也帶著學習的心態跟著教練一個禮拜，從一邊學跑壘，一邊也思考著：「其實我不會打棒球，也能從跑壘學起啊！」好像覺得打球不是那麼難或是遙不可及的事情。

看著手中教練整理歸納出來的教材，有人問我：「你覺得教材對你的幫助是什麼？」我想了想，覺得自己心中似乎因為這份實體教材多了點踏實感，好像真的可以循序漸進的學習打棒球，而且如果我的孩子正在棒球隊，我可以藉由這本專書去認識關於跑壘的基本知識、即使還不能真正的下場打棒球，但也能透過書本跟孩子一

起討論關於跑壘的歷史、規則，或是每種情境可能做的跑壘策略，至少這樣當鍵盤總教練打打嘴砲也總是有所依據吧！

　　試著想想，當你走進書店想買跟棒球有關的書，好像選擇真的不多，但我記得去日本書店時，幾乎每個書店都有一區寫著「野球」，那個專區的書櫃上有各式各樣的棒球類書籍，琳瑯滿目，不管是各個時期的棒球歷史、球員介紹、球場介紹、棒球教學、棒球空白紀錄紙等，什麼主題都有，真的很羨慕。感謝臺灣商務印書願意出版我覺得是在台灣相對冷門的專書，也更期待未來有更多這類型的專書造福喜歡運動、喜歡棒球的人！

各方推薦語

棒球這個運動往往都只在乎投、打、守，反而忽略了跑壘。其實跑壘也是攻擊方很重要的一環。

謝謝許峰賓教練能夠讓大家知道跑壘的重要性，讓基層選手從小就能培養好的基礎，也了解棒球場上不只投、打、守，好的跑壘也能幫助球隊，也讓愛棒球的人知道跑壘的基礎以及細膩度。

——職棒球員工會理事長／陳傑憲

評估棒球選手包含了投打跑守幾個大項，足見跑壘和其他可以量化的技術等同重要，很榮幸推薦由專業教練許峰賓和球星周思齊出版的這本棒球好書。

——知名球評／曾文誠

基層棒球一直沒有相關的教學書或是實體教材,終於有棒球教學的專書,這對於棒球推廣是件好事情,期盼未來能看到更多專書問世。

——職棒教練／張泰山

跑壘是棒球運動裡最重要的一環,但大家都把目光放在打擊。當每個人都在追求全壘打的時候,往往都忽略掉一個跑壘、一個判斷,或許只是短短的零點幾秒,卻能左右一場球賽的勝負,甚至影響是否成為總冠軍。

——豹子腿／方昶詠

從球員時期到當教練,峰賓是一個很認真學習上進的人,在棒球領域中是一位非常執著有原則的人。

他不輕易認輸,願意花更多的時間把自己往上提升,即使遇到挫折也不放棄;我最喜歡他這個「就是不被看好,我也要全力扭轉」的精神!

峰賓強烈的責任感和使命感,每日幾乎早出晚歸,只為了能將工作安排得井井有條,順利完成每天的任務。他喜歡學習別人的獨特之處,也進階讓自己的所學有所發揮。

峰賓心裡的堅持永不放棄，透過本書分享他用「心」傳承的棒球精神：「這一秒不放棄，下一秒就有希望！堅持下去才可能成功。」共勉之！

——中華職棒本土球員盜壘紀錄保持人／黃甘霖

棒球的本壘板叫做HOME。一位選手踏過三個壘包回到本壘就會得到一分。換句話說，棒球就是一種比賽回家的遊戲，但跑壘技巧的重要性往往被我們忽略。

比賽中你會聽到這一球打得好、接得好、投得好！SAFE&OUT的輸贏常常在半步之間，思齊和阿賓教練告訴你什麼叫做跑得好！

——歷史老師／呂捷

任何成功最重要的條件，就是不厭其煩的反覆練習！讓身體習慣所有動作，進而讓所有動作變得自然流暢！大家都知道，訓練是枯燥乏味的，但這本圖解工具書能讓你一聽就有興趣，能讓你一看就停不下來，能讓你將所有基礎觀念迅速融會貫通！你還怎麼可能不愛上棒球！

——知名藝人／陳秉立（阿翔）

棒球是台灣的國球，台灣的青少棒國際賽成績也有目共睹，然而長大後；成棒實力卻與美日韓有一段差距，其中關鍵的一點在於「科學化訓練」，台灣有天分的優秀球員不少，然而缺乏科學化訓練，導致許多有潛力的小選手如流星般閃現，中信兄弟的跑壘教練許峰賓赴美取經，與現役老鬼周思齊，共同就跑壘的知識，提供了另一種科學化訓練的方式，值得我們借鏡。

——Youtuber／**Cheap**

跑壘是棒球比賽中很容易被忽略的一項能力，並不是單純的腳程快、盜壘次數多就代表一個球員很會跑壘，跑壘需要的是正確的觀念以及對規則的完整理解。能出現這樣一本專門講解跑壘的書籍，不論是對於科班的球員或是業餘的棒球愛好者相信都會有很大的幫助！

——YouTuber／**台南Josh**

打好基礎
必須要知道的跑壘學

/許峰賓

就在我剛加盟中信兄弟的第一個春訓，周思齊有一天突然問我：「要不要出本跑壘書？」台灣對跑壘的重視程度一直不高，當時我以為他是開玩笑，便隨口回答：「當然沒問題！」隔沒幾天，他突然約我聊天、喝咖啡，並介紹籌備出書的團隊給我，我才意會到他是認真的！深入了解後才知道，原來一直從事偏鄉關懷的他，想要為資源不足的孩子提供一些訓練上的教材。

跑壘是棒球比賽中得分的關鍵因素，我們對跑壘的著墨與研究卻不多，台灣目前棒球教材類的書已經不多，更別說相對冷門的跑壘項目，但跑壘卻是棒球項目中除了投手投球外，出現最頻繁的內容，因為打者擊球後便立即成為跑者，即便全壘打，也要確實踩完每一個壘包才能真正得分，上壘後更要了解在各個壘包上所扮演的角色與該俱備之應對能力，不過這類資訊在台灣訓練系統中卻相對缺乏，更別說在資源匱乏的偏鄉了！

以前我無法想像城鄉差距到底有多大，聽完他的說明後才知

道，有很多偏鄉地區光是前往市區，可能都需要三、四個小時的車程，因此資源和師資都很難到位，難怪在春訓一開始，思齊簡直是跟蹤式的隨時聽著我如何解說、描述、示範，每一個壘包都仔細聆聽，甚至訓練結束後還拉著我深入了解各個不同跑者所面臨的情境，還有各國不同的應對方式，以及探討何種作法才是更適合台灣的文化。

　　這本書希望盡量簡化到讓不懂棒球的初學者，都能透過它更了解跑壘這件事，以及跑壘如何影響一場比賽的勝負，並能看懂那些優秀的跑者在壘上所展現出來的快速對應方法。跟跑壘相關的因素非常多，從球的方向、力道、最後落點、守備者的站位、跑速、臂力、接球位置，各個因素都可能影響最後的決定，而這所有的因素解讀時間卻只有一瞬間，有時甚至比投打對決的反應時間還短，因此跑壘判斷需要透過大量的情境訓練，以達到身體可產生快速並正確的反射動作。

　　當我轉為教練時，就對跑壘訓練有著濃厚興趣，直到有機會赴美國進修，便努力記錄下各個訓練的細節，回國後再與台灣環境去做磨合，並綜合我待過的三支台灣職業隊時期與許多不同國籍的教練交流之後，打造出這一本讓所有初學者都能簡單上手的教材。

　　期待這本書能帶給台灣的基層棒球在跑壘教學上更多的幫助，也希望能讓所有棒球愛好者更了解「跑壘」這門學問！

建立屬於自己的
球風文化

／周思齊

2021年在屏東春訓的時候，球隊新來的許峰賓教練在跑壘的教學指導上，跟我過往看到的很不同，我發現有很多細節是過去我們訓練時沒有特別強調或提醒的，我覺得很新鮮：「原來跑壘可以這樣教。」

於是，我對於跑壘產生了極大的好奇跟興趣，我試著去查找相關的壘包的歷史，也去找了日本與美國相關的教學專書，我發現日本與美國這一類的書籍並不算少，而且教學內容分得相當細，也有教學影片，在我接觸棒球的過程中，並未在台灣看到這些專書，更不用說是很基礎、細節的教學書。於是我就在思考，我們會討論強調攻擊的美式球風，或是注重細膩的日式球風，然而台灣棒球歷史超過百年，竟沒有建立屬於自己球風的文化。當然這牽涉的問題太廣了，畢竟我們連基本的教學都缺乏教材，更不用提有沒有所謂台灣風格的棒球教學。

我知道許峰賓教練過去曾到美國學習跑壘，而且我發現他的教

學很細膩、很重視細節與情境的練習，選手生涯將近二十年，能接受到這樣的跑壘教學對我來說真的很震撼。因此，我就有個想法：「有沒有可能將這樣的專業與台灣的實際狀況結合與調整，設計出適合台灣的跑壘教材呢！」於是，我主動向許教練提出了關於專書的構想，而從規劃到出版，也的確耗費不少心力。要把身體習慣且習以為常的訓練轉化成文字，並且要有系統地呈現，還真的不是一件容易的事，這裡也特別感謝美濃國中棒球隊教練劉凱元，花費了不少時間協助整理相關的教材內容。

　　這本初階跑壘教材內容從構思到出版耗費了一年多的時間，中間也辦過實體的訓練課程去驗證書本的內容並且再做修正，更運用大量的圖解、搭配影片，來呈現各種跑壘技巧與情境，相信會顛覆你對跑壘的認識！

跑壘裡的大學問

棒球在台灣是相當受到矚目的運動,也是台灣的國球!如果回想自己看球賽的經驗中,讓你印象深刻的畫面,我猜想大概有高達八、九成以上的畫面,是跟打擊、投手等雙方攻防有關,可能十個畫面都不見得能想到一個讓你印象深刻的「跑壘」場景。

我覺得這點很有趣,畢竟棒球就是一個推進的比賽,在球場上爭奪勝利的兩支球隊,誰能在壘包上推回更多分數,誰就是贏家。當你只關注在「投」、「打」之間的對決,卻忽略了每個打者只要把球擊出去,全都成為了「跑者」。

至於停留在壘包上的跑者,必須時時留意打者,在球擊出的瞬間,就得馬上為壘包推進做好策略並且執行,而且在跑壘過程還要觀察守備方的狀況,視狀況調整策略並立即啟動身體做出改變!所以其實跑者在整場棒球比賽中扮演了相當關鍵的角色,因此平時訓練就加入「跑壘情境訓練」,對於跑者要在短時間立即反應出最有效的推進方式,相當有幫助。

然而，在過去我的棒球經歷中，教學訓練並沒有特別強調這塊，導致我即使擁有比大部分選手出色的腳程、技巧好的繞壘能力，但盜壘的成功率卻始終不佳，好幾次思考自己雖擁有優秀跑者的條件，卻無法利用這優勢提升壘上的侵略性。當然那時從未有人系統地教過我盜壘的技巧，網路上的資訊也還不如現在這麼發達，自己對於跑壘、盜壘雖然有許多模糊不清的疑問，也沒能找到答案解惑。

　　台灣對於跑壘的訓練與觀念比較薄弱，過去的訓練大多僅限於球員上壘後，依靠自己去判讀這顆球是否該往下一個壘包衝刺，沒有系統化的說明，觀念就會顯得比較籠統。

　　台灣的教學方式也多侷限在從結論去做反推，用跑壘後的結果告訴你在這個跑壘上犯了什麼錯誤，當下其實應該怎麼做，並沒有系統的教導選手如何避免類似的錯誤再度發生，也沒有說明跑壘的技巧與注意事項，更不用說在每個相對應的情況下，該要做出什麼選擇。所有的觀念與技能都來自當下的自我判斷解讀，彷彿進壘成功就是跑得好，進壘失敗就是判斷錯誤。

　　這樣的學習其實可以說只是依靠「本能」，資訊相當的混亂。但預防勝於治療！當自己到國外擔任客座教練，跑遍小聯盟球隊，看到國外的訓練系統後才知道，我們與一直想要迎頭趕上的棒球殿堂，差距其實在於提早做準備，將跑壘風險控管做好！對方比我們強大，總是有其確切的原因，很多我們覺得不是很重要的細節，其

實相當關鍵。

每一次國際比賽的賽後，我們總是安慰自己「就差一點點、已經盡力了！」但若把每個細節邏輯性拆開認真檢討與分析，就會知道，輸球真的不是只差一點點跟運氣不佳，都是其來有自！

我們很難分工精細地完成一場比賽，因為我們的訓練系統缺少了細節的訓練，當少了關鍵的基礎，贏得勝利的難度就會相對提高。

透過國外的進修讓我有個想法，若能將這些細節訓練（事前預防）推廣到基層，從基層了解這些細節是什麼，讓他們從小開始學習這些知識水平，而不是土法煉鋼（事後治療），也許可以大幅提升台灣整體棒球環境的水準。

撇除訓練尚未系統化的因素，台灣的選手其實具有相當的優勢，選手的身體素質、條件都很好，例如有原住民基因的選手在速度與爆發力上總是特別出色，如何把本身的速度優勢放大、把細節做好，如何加強擊技巧並運用，都可以透過系統化的訓練達到目標。只是目前台灣的棒球訓練仍以投打為優先，成績的展現也都是以投打為主，甚至職業選手的合約談判條件，拿出來證明自己成績與身價的，依然脫離不出投打的範疇。

以打者來說，球員的打擊率、長打率、安打數、全壘打數等攻擊數據，通常是用來談薪水的籌碼，畢竟大家對跑壘並不是這麼重視，也不是這麼了解跑壘的精髓，更不用說能夠理解這門技術的重

要性，也無法反應在薪水上面，因此變成不被重視、無法衡量的一環。由於對跑壘的正確認識還不夠，長期以來反而成為在正規訓練中被忽視的技術。

若能夠開始學習跑壘的細節與技巧，同時透過練習與正式比賽明瞭跑壘對於球隊勝負的影響與重要性，再藉由許多的跑壘案例累積數據，建立系統性的整理分析，這些資訊就能成為有意義的資料庫，並了解跑壘如何影響勝負，成為分析比賽內容的重要參考值，也能成為敘薪的談判條件之一。

也就是說，能展現選手價值的不應該只有打者的打擊率，跑壘相關的數據也應該是選手對球隊貢獻的指標之一。若能夠建立跑壘數據對棒球比賽貢獻的分析系統，我想對於台灣整個跑壘訓練也會更有幫助，相關訓練系統化的建立與分析也會加速成長，基層教練更有意願把訓練菜單融入在球隊的訓練中，而跑壘在台灣棒球的價值也會愈來愈高。

1

從本壘板與壘包
了解棒球運動

本壘使用「本壘板」，而一壘、二壘、三壘則是壘包。
跑壘員必須依序經過一壘、二壘、三壘三個壘包後，
回到本壘才能得分。
壘包的英文名稱「Base」，也跟比賽內容與規則有關係，
意即站在這壘包上的跑者是安全的！
也就是「Base」提供了一個「避難所」的概念，
在這個地方是安全的，
離開就有著出局、觸殺（tagged out）的風險。

本壘板在棒球運動發展的初期，相關的規定其實滿寬鬆的，任何物品都有可能成為本壘板，也許是圓形的大理石、其他的石材。在這麼寬鬆的規定下，如果把一盤菜擺在那裡，說它是本壘板，大概也不覺得奇怪。

本壘板的英文為 Home Plate，也許就是因為在棒球運動中跑回本壘得分，感覺就像是「回家」，因此本壘板帶著家的意涵，所以才被稱為 Home Plate。

本壘板是比賽中用來判定投手的投球是否通過好球帶、跑壘員是否安全踏觸本壘板回來得分、擊球員是否揮棒過半等的重要依據。在 1845 年到 1867 年左右，本壘板的形狀是約十二英寸的圓形鐵盤，這段時間對於棒球本壘板的大小跟材質並沒有嚴謹的規範，最常見的就是鐵製品，為了看得清楚，鐵盤上面塗的是白色顏料，至於本壘板與打擊區的相對位置，則是到了 1874 年才有比較明確的規範。

▋ 以「家」為概念的延伸

根據 MLB 的官網，類似家屋形狀的本壘板是由羅伯特·基廷（Robert Keating）開發的，這樣的形狀也幫助裁判更容易判斷球的

進壘點。

　　彼德・莫理斯（Peter Morris）在《*A Game of Inches: The Story Behind the Innovation That Shaped Baseball*》一書中曾提到，最早的本壘板是由堅固耐用的材料製成，例如金屬類或是石頭。但在比賽的過程中，堅硬的材質對選手具有相當的危險性；試想如果你在上面滑壘，可能會因為這些堅硬的材質而受傷，這也許是為什麼滑壘在棒球運動的初期並不常見。

　　一直到了1880年代，橡膠才逐漸變成製作本壘板的材料，1885年國家聯盟（National League）也曾規定本壘板的材質為橡膠或是

表1-1　美國職棒大聯盟演進歷經許多聯盟，
　　　　1900 年前出現的聯盟如下：

聯盟名稱	英文名稱	出現時間
國家協會	National Association	1871 年～1875 年
國家聯盟	National League	1876 年～現在
美國協會	American Association	1882 年～1891 年
聯合協會	Union Association	1884 年
球員聯盟	Palyers League	1890 年
美國聯盟	American League	1901 年～現在
聯邦聯盟	Federal League	1914 年～1915 年

大理石。

　　在找得到有關本壘板、壘包的討論記載中，最早是在1859年。透過相關的報導，我簡單整理出下面關於本壘板與壘包演進的重要時間點：

- 1859年　《紐約先驅報》（*New York Herald*）報導中曾提到，本壘板是鐵製的白色圓盤。
- 1868年　本壘板改約十二英寸的方形，顏色是白色。
- 1872年　方形本壘板轉向，成為菱形的模樣。因為材質的關係，滑壘變成讓人擔心的技能，因為會使選手受傷。1872年，國家協會（National Association）規定，本壘板須用白色大理石或其他石材製成，並須與地面齊平，但一直到1877年，本壘板的材質還是有鐵、大理石或是木頭製的，直到1878年確認本壘板只能是大理石之類的白色石材。
- 1877年　本壘板底部埋進土中。
- 1882年　美國協會（American Association）開打便遵循相關規則，包含本壘板大小、顏色與相關擊球區規定的位置。
- 1885年　國家聯盟的本壘板與壘包由白色橡膠或是石頭製作。
- 1886年　美國協會又更改規定，允許本壘板材質包含鐵、白色石材或是橡膠。

◆ 1887年　國家聯盟和美國協會兩個單位同時確認，本壘板只能用白色橡膠製成。

　　本壘板成為現在類似家屋的五角形，大概是在1900年左右，國家聯盟將本壘板改成寬約十七英寸的五角形模樣，而且平的一邊是面向投手，尖端面向捕手。當時有個名為邁可‧麥哈漢（Michael Mchahon）的裁判持了相反意見，認為尖端應該要面對投手才是正確的，如果當時這提議受到認同，我們現在看到的本壘板方向就會相反了。

　　本壘板其實定義了擊球區的範圍，在棒球比賽中所指的「好球帶」，是指本壘板上方，高度在打者的肩膀與腰部之間的中間線到膝蓋的範圍，而五角形的本壘板更可以幫助打者與裁判易於區分好球帶的位置。本壘板的兩側是打者的打擊區，打者依照打擊習慣，選擇站在左側或是右側，而打者在擊球後便往一壘壘包前進，彷彿是打者的起跑點、跳板一樣。

　　在棒球比賽中，打者擊出後從本壘出發，必須依序完成一壘、二壘、三壘的踩壘，最後回到起跑點，也就是本壘，才算得分。這樣繞著壘包一圈回來，彷彿就是回家了，因此許多人對於「棒球」運動也衍生了些關於「家庭」（Home）的情感。

　　在美國，許多小朋友的童年回憶總是跟「棒球」息息相關。除了本壘板的形狀類似「家」、「房子」的外觀意義延伸外，也有人提

出在1900年代初期，世界因戰爭而動盪不安，在這樣的氛圍下，讓人更關注國家、家庭的重要。而家，是人的起點，在這樣的意涵後面，對於不少小朋友而言，打棒球也是童年重要的運動。

「回家」這樣的意涵在戰爭中更顯得意義深遠。第二次世界大戰中，許多棒球選手也投入戰爭，最知名的大概就是曾被認為是最偉大的打者之一、生涯上壘率達48％的泰德‧威廉斯（Ted Williams）了。他的棒球生涯曾兩度因為戰爭而中斷，二戰爆發後，他投入戰爭，加入了美國海軍陸戰隊，擔任戰鬥機的領航員。戰爭結束後，這些棒球選手回歸球場的話題也讓全美相當重視，因為「Returning Home」這樣的象徵別具意義，畢竟棒球遊戲就是一個回家（Coming Home）的遊戲，而主審常拿著刷子刷去本壘板上的泥土，似乎是細心的為自己的家打掃，清除灰塵。

在整場的棒球比賽中，本壘板雖然被踩在腳下，卻是非常珍貴的，因為踩到就代表得分了，這對攻擊方來說是最想前進的地方，對守備方來說則是最想保護、捍衛的地方。

▌ 壘包的演進

本壘使用「本壘板」，而一壘、二壘、三壘則是壘包。壘包是

表1-2 本壘板的演變：

時間	演變
1859	鐵製的白色圓盤。
1868	改為 12 × 12 英寸的白色鐵盤。
1872	方形本壘板轉向，成為菱形的模樣。
1877	本壘板底部埋進土中。
1882	本壘板大小、顏色與相關擊球區規定。
1885	本壘板與壘包是由白色橡膠或是石頭製作。
1886	允許本壘板材質包含了鐵、白色石材或是橡膠。
1887	國家聯盟和美國協會同時確認了本壘板只能以白色橡膠製成。
1900	本壘板改成了寬約 17 英寸的五角形模樣。

棒球比賽中使用的設備，每個壘包皆有守備球員負責防守。

跑壘員必須依序經過一壘、二壘、三壘三個壘包後，回到本壘才能得分。壘包的英文名稱「Base」，也跟比賽內容與規則有關係，意即站在這壘包上的跑者是安全的！也就是「Base」提供了一個「避難所」的概念，在這個地方是安全的，離開就有著出局、觸殺（tagged out）的風險。

壘包在1877年是用帆布製造的，類似方形的帆布枕頭，直到最近一個世紀才改成橡膠方形。

　　壘包材質的演化，最重要的轉折點是在一位名為羅伯特・基廷的投手上。1887年基廷與巴爾的摩金鶯隊進行了一場比賽，結果受傷而無法繼續在場上投球，於是他便轉往人生另一個跑道：發明！不過他一開始的發明並非全然跟棒球相關，他的發明與設計範圍挺廣，例如剃刀相關的專利，或是設計以自己命名的摩托車。至於橡膠製作的壘包，基廷則在1886年就已經開發並且申請專利。

　　本壘板與壘包改成橡膠材質後，除了有利於跑者站穩，即使打擊者以球棒輕敲本壘板，也不會過度震動到手。而橡膠做的壘包大大增加了選手的安全性，也讓橡膠材質的壘包逐漸流行，不過當時相關的紀錄並沒有因此特別將基廷的成就加入棒球相關的事項。1922年1月21日《紐約時報》對於基廷的報導，也只有提到他是「Keating Bicycle自行車」的發明者。

　　目前MLB使用的帶有插座的壘包是由傑克・科比特（Jack Corbett）發明的。科比特的職業球員生涯是1887年～1897年，1903年成為了小聯盟球隊的經理。有多年比賽經驗的他，認為壘包隨意地放置、沒有固定在地面的設計很不好，所以設計了可以固定在地面的壘包。這樣的設計可以提升壘包的穩定性，不僅進行棒球賽事的時候，壘包可以穩固在地面上，非棒球賽事時也能輕易地拿起並移動，這個壘包有個專有的名稱「Jack Corbett Hollywood Base

Stes」，MLB在1939年取得了這項發明專利後，這種壘包一直都是MLB官方使用。

在美國專利及商標局搜尋關於壘包的專利資料，可以發現壘包材質與相關固定方式的設計，多數跟「安全」與「省錢」有關。舉例來說，1917年辛德諾·法爾科納（Sydnor M. Falconer, Sr.）所提出的壘包設計，便提供了附有彈簧的固定式壘包，為的就是球員在腳部撞擊到壘包時，帶著彈簧的固定式壘包會略為移動，避免猛烈衝撞下造成跑者的腳受傷，而因彈簧移動的壘包也會自行回復到原來的位置（參考圖1-1）。

1935年哈利·拉丁納（Harry B. Latina）因為當時壘包固定的方式多是以繫帶繞過壘包，再綁在地上固定的孔圈中，跑者穿著釘鞋踩壘、滑壘的時候，很容易勾到壘包上的繫帶，不但壘包因此容易破損，必須常更換壘包而增加經費，也增加了跑壘員受傷的風險，因此拉丁納設計一款看不見固定繫帶的壘包，也就是將繫帶藏在壘包的下面，不在壘包上面出現繫帶，讓壘包上沒有突起物；且繫帶與壘包並非縫死固定，是可拆解的，這樣的設計有助於減少壘包被釘鞋勾破，並能進行局部的維修，不用在壘包受損後全面替換，大大降低維護壘包的成本，同時降低跑壘員因為釘鞋勾到壘包導致受傷的風險，這個設計在1936年取得專利（參考圖1-2）。

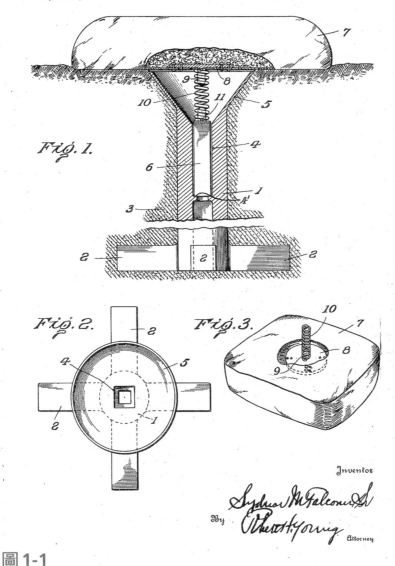

圖 1-1

辛德諾・法爾科納在1917年設計了附有彈簧的固定式壘包並取得專利。

圖片來源：美國專利及商標局公開資訊

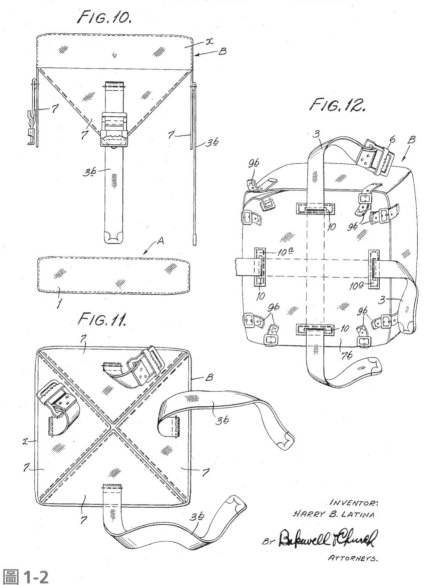

June 30, 1936.　　　　H. B. LATINA　　　　2,046,126

BASE FOR THE GAME OF BASEBALL

Filed July 15, 1935　　　3 Sheets-Sheet 3

FIG. 10.

FIG. 12.

FIG. 11.

INVENTOR:
HARRY B. LATINA

BY

ATTORNEYS.

圖 1-2

哈利・拉丁納設計的壘包，1936 年取得專利。

圖片來源：美國專利及商標局公開資訊

1936年，約翰‧賽斯（John O. Seys）針對本壘板的部分提出新的專利，並於1938年6月取得專利授權。賽斯發現當時除了本壘板外的三個壘包是可以移除的，而壘包通常會有一定的厚度，並採用帆布或是橡膠製成。但本壘板通常是被固定在球場上無法移動，因為本壘板的五角形造型有尖銳的邊緣，有時本壘板旁的土並沒有和本壘板齊平，導致跑壘時可能會因為被本壘板尖銳的邊絆倒而受傷，因此考量到本壘板必須與地面齊平，又要能清楚的被球員裁判明確的辨別，他便設計了一個有斜角邊緣的本壘板，可以有效的減低本壘板尖銳的部分，嵌入地面後可以與地面齊平，也不會露出尖銳的地方。

　　根據賽斯的設計，本壘板最上面的平面就是規則所規範的大小，延伸出來的斜邊處可以被泥土覆蓋，即使本壘板上邊的土被帶走露出了斜邊，也不會有尖銳的危險處讓跑者受傷（參考圖1-3）。

　　其實跑壘的激烈在壘包造成衝撞的危險，蠻早就有人注意到這類的安全問題，並針對壘包做了些改進。亞瑟‧尤金‧沃爾特（Arthur Eugene Willett）在1975年便提出一壘的衝撞常會造成選手的受傷，因此將壘包的大小放大，並且加強壘包固定在地面上的穩定性，並在壘包上也設置了一條明顯的線條，以便放置壘包時，壘包上的線條可以跟一壘與本壘板之間保持直線一致，一壘的守備員可以站在內側，跑壘員踩壘則在外側，可以在訓練的時候減少一壘與跑壘員的衝撞，降低球員受傷機率，該專利在1976年獲得認可

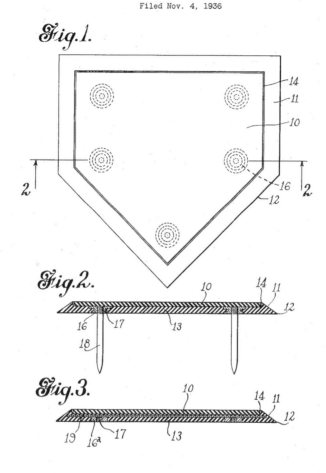

June 28, 1938.　　　J. O. SEYS　　　2,122,266

BASE PLATE FOR BASEBALL DIAMONDS

Filed Nov. 4, 1936

圖 1-3

約翰‧賽斯設計的壘包，1938 年取得專利。

圖片來源：美國專利及商標局公開資訊

（參考圖1-4）。

　　從美國專利及商標局查詢關於壘包的專利設計，不管在材質上的改善、壘包、本壘板的設計、固定方式，都是為了讓選手有更安全的比賽環境，同時也在相關的成本上做更多的考量，讓壘包的耗損率降低。最近美國大聯盟為了減少球員衝撞帶來的受傷危機，並且以減少壘包之間的距離，期待帶來更多盜壘與安打以提升比賽的可看性，而將壘包尺寸「加大」等作法來看，足見壘包對於賽事安全有多麼重要。

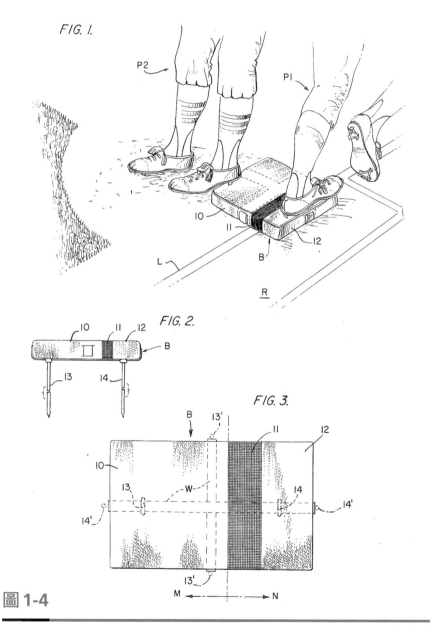

圖 1-4

亞瑟‧尤金‧沃爾特設計的壘包在1976年取得專利。

圖片來源：美國專利及商標局公開資訊

跑壘的重要性

台灣選手在跑壘的部分有比較多的瑕疵，
導致在重要的國際比賽、兩隊實力相當的狀況之下，
很容易因為跑壘的不足而敗陣。
不論是繞壘技巧不夠好，或是對出局的判斷不夠迅速，
都會導致錯失得分的機會。
所以跑壘絕對是比賽中非常關鍵的技術，
選手如果具備跑壘的技術，他便不只是一個跑者，
還會是一個具有侵略性的跑者。

棒球是一個推進的遊戲，誰能夠將分數推回最多分，誰就贏，而每一個壘包都需要進行跑壘，即便打全壘打，也必須跑完四個壘包，如果漏踩，就會被判出局而錯失分數。

在棒球比賽中，所有打者一旦擊出球便成為跑者，原本停在壘包上的跑者，還要再跟打者擊出去的球做連結，因此在整場棒球比賽中，跑者扮演了相當關鍵的角色。

在國民隊當客座教練時，有幾場球賽給我很深刻的印象。有一場是當年一名相當有潛力的新秀，他打了一支朝守備員飛去的強勁外野平飛球，但這位選手並沒有全力衝刺，跑了四、五步看到外野手接殺之後，竟然直接往休息室的方向跑去。

當時我特別看了一眼坐在我身邊的跑壘教練的表情，那位教練對著三壘指導員做出攤開雙手的動作，並且一臉不解。後來當時國民隊的巡迴教練蓋瑞‧賽曼（Gary Thurman）馬上請這位三壘指導員（同時為2A的總教練）將那位選手換下場。

賽曼告訴我，這是在場上不被允許發生的狀況，選手必須完成該做的事，而這位選手並不是第一次有這樣跑壘懈怠的狀況，之前曾提醒過他，但他卻重複發生同樣的狀況，代表他根本不在意也不重視這件事，甚至不在乎球隊的教育。因此換局後，教練就將那名選手下放冷板凳了！

還有一場球賽是一名3A的強打捕手，打了一顆往投手方向的滾地球，投手接到後，這位打者連一壘都不跑，就直接往休息室走

去。賽曼氣炸了，認為這不是選手面對比賽該有的態度，當天的訓練與比賽結束後，他馬上找了3A總教練與總經理說明這件事，隔天甚至召集了跑壘巡迴教練與捕手教練提早到球隊開會。他們認為球隊的文化與教育不允許這樣的情況發生，選手如果不能認同球隊的教育與訓練，無法達到球隊的要求，球隊也無法認同這樣的打球態度，最後的決議就是請這名捕手離隊。

除了這兩次關於球員的跑壘態度不積極，甚至可說不重視的案例外，也有球員對於跑壘所表現的積極度讓我印象深刻的例子。

當時國民隊明星選手萊恩・齊默爾曼（Ryan Zimmerman）在2A打復健賽，有場比賽他擊出了一顆外野的平飛球，當他還沒跑到一壘的時候，外野手就已經將他接殺出局了，不過他依然往一壘跑去，並且踩了壘包才折返回到休息室。當時我問齊默爾曼，在確定已經出局的情況下，為何他還是踩了一壘壘包才返回，齊默爾曼說：「雖然我已經是很資深的大聯盟選手，但選手擊球後就是要跑壘是基本的態度和功課，一定要完成，不該敷衍結束！」我當下蠻受震撼，畢竟這麼資深的選手都堅持把跑壘的基本動作完成，那麼年輕選手在跑壘的態度上怎麼可以不更積極呢！

▌ 不同於投、打、守的跑壘訓練

跑壘訓練相當需要情境的配合，但平常球員的訓練比較專注在投、打，或是守，因為這三個狀況都比較容易獨立出來訓練。

比如投球，只要有捕手，然後有內外角的搭配或是變化球的練習，它就可以完成有強度的投球訓練。因為投手練投的時候，只需要控制好那顆球到想要的位置，就算達成計畫中的訓練效果，比賽只要展現訓練成果，後續就靠野手的幫忙了！打擊則只要有能丟球的人選甚至是發球機，便可以進行打擊訓練，又或者是只要一個單純的 Tee 座，你就可以做姿勢的調整。

例如訓練打擊，我們可以模擬所有可能出現的球種軌跡，好讓比賽中可以在第一時間判別投手擁有哪些球種和球路，以及球速是多少。當球員心中有了概念，再從已知的資訊裡，瞬間判斷出對方投出來的球是不是自己預測的，或是從對方的投球習慣抓出配球模式進而去攻擊。

至於守備的練習，不論是投牆壁或是教練打給你接，球員都有辦法做一對一練習。例如只要會算彈跳，當打者擊出球時，面對球的彈跳跟強度，你有辦法在時間點內讓守備動作到位，便很有機會完成整個流程！接下來就是預先布陣，了解對方打者可能打到哪裡、什麼位置的機率比較高，或是攻方在這個時間點可能執行什麼

戰術，再將自己原本具備的能力套用上來，問題就可以迎刃而解！

　　但是在跑壘的訓練部分，如果沒有搭配情境的模擬，球員等於只是在練體能。除了自己練習回壘、撲壘、滑壘跟起跑等，這些個人需要具備的技巧外，一個跑壘員不會只是單純面對球，還要面對很多場上的變化，所以跑壘的訓練就需要更多元。

模擬情境的重要性與困難

　　由於跑壘的訓練方式必須更多元化，相關需要注意的細節或是步驟也會比較繁瑣，因為它需要太多部門的配合。以一個盜二壘的練習為例，就需要一壘手、二壘手、游擊手、投手、捕手等五個人的搭配。

　　盜二壘時，你需要二壘手和游擊手進壘包做觸殺動作，但若限定在這個情境，那只是單純投捕在跟你對決！

　　為了更貼近比賽，我們必須再加入打者的模擬狀況，如此一來，針對打者也需要做各種戰術的設想。若以初階跑壘訓練為例，會需要一壘手、二壘手、投手、捕手、跑者等成員，才能一起做情境練習。

　　想想看，需要具備各種情境，就必須投入這麼多的人力，且可

能只能練到一次所謂的盜壘情境。若沒有足夠的人力，便無法塑造分數、局數和打者戰術等各種擬真的情境。

　　一個完整且擬真的跑壘訓練，實際上需要多部門的配合，因此跑壘訓練在執行上一直有很大的難度，為了能夠盡量精簡人力並把練習精簡化，便需要把跑壘的情境模擬到很逼真，將情境設定到很精準，才不會徒費人力。

▌藉由跑壘教材模擬情境

　　現階段台灣對於跑壘的情境跟設計還沒有那麼成熟，所以台灣選手在跑壘的部分都會有比較多瑕疵，導致在重要的國際比賽、兩隊實力相當的狀況之下，很容易因為跑壘的不足而敗陣。也就是在觀看球賽時，我們會覺得怎麼出現了所謂的烏龍跑壘，或是在跑壘時出現一些小瑕疵，該得分沒得分，不論是繞壘技巧不夠好，或是對出局的判斷不夠迅速，都導致錯失了得分的機會。

　　所以跑壘絕對是比賽中非常關鍵的技術，選手如果具備跑壘的技術，他便不只是一個跑者，還會是一個具有侵略性的跑者，很多時候對於對手而言，會產生一加一大於二的破壞性，對守備方造成極大的壓力

例如一壘有人，攻擊方同樣有兩支短程一壘安打的產生，同樣的安打數、同樣的條件，因為不同的判斷便會產生兩種不同的結果。

　　一種結果是，跑者在一壘，一支一壘安打會因為他的跑壘技巧好、判斷時機快，而有可能靠這支一壘安打從一壘跑到三壘，這樣對於整體的攻勢來講，得分的效率就會提高，因為他多推進了一個壘包，也降低了得分的難度。

　　第二種結果是，如果跑壘技巧不好、判斷不好，一壘有跑者情況下，攻擊方打了兩支一壘安打都還不一定能得分，可能必須要打到三支一壘安打才得分。可是要在一個半局裡擊出那麼多安打的機率非常低，所以跑壘這個看似不重要的環節，卻是得分的關鍵。這也是為什麼需要有教材，並且清楚人力的配置，才有辦法順利模擬情境，讓實際訓練事半功倍。

關於跑壘規則的
制定與發展

用關鍵字「跑壘」搜尋中華職棒聯盟的棒球規則，
可以發現「跑壘」在規則中出現了一千一百六十八次，
所以棒球比賽不僅僅是用打擊分出勝負的比賽，
跑壘更是佔了相當重要的關鍵因素。

棒球規則的由來

棒球規則相傳最早是由美國人亞歷山大‧卡特來特（Alexander Joy Cartwright, Jr.）於1845年所制定。

亞歷山大‧卡特來特生於1820年，十六歲就到華爾街的銀行任職，下班後常跟朋友、消防員一起打棒球。1945年9月卡特來特組成了尼克博格棒球俱樂部（Knickerbocker Base Ball Club），這個俱樂部在同年10月6日進行了第一次有紀錄的比賽，據說當時這個俱樂部為棒球比賽制定了二十條規則，內容包含了壘包間的距離、比賽局數、比賽人數。卡特來特在1849年搬到夏威夷，並在1892年7月12日逝世。

美國棒球名人堂因為卡特來特對棒球的貢獻，於1938年推選卡特來特進入棒球名人堂，他在美國也被尊稱為「棒球之父」（Father of Modern Baseball）。

台灣棒球規則中的跑壘相關說明

在那之後，棒球規則進行了多次的修訂與演進，目前中華職棒

聯盟的棒球規則是參照世界棒壘球總會、美國職棒大聯盟以及日本職棒聯盟的棒球規則所訂定。從中華職棒聯盟官方公布的棒球規則中，總共分為九個大章節，分別是：

1.00	比賽之目的
2.00	比賽之球場
3.00	裝備及制服
4.00	比賽準備
5.00	比賽之進行
6.00	不正當PLAY、違規與不當行為
7.00	比賽結束
8.00	裁判員
9.00	記錄相關規則

其中關於跑壘的規則主要是在5.06這個章節，但在「1.00比賽之目的」章節中，就能看出跑壘對比賽的重要性。

1.02	進攻球隊之目標在於使擊球員成為跑壘員，並使跑壘員進壘。
1.03	防守球隊之目標在於防止進攻球員成為跑壘員，並防止其進壘。
1.04	當擊球員成為跑壘員並合法踏觸所有壘，則將為其球隊獲得1分。

　　根據比賽目的中的這些規則，可以知道棒球比賽的目標就是得分，獲得較多分的球隊是贏家，比賽過程便是打者要將球擊出以成為跑壘員，並且需要踏觸所有壘包後得分。

　　用關鍵字「跑壘」搜尋中華職棒聯盟的棒球規則，可以發現「跑壘」在規則中出現了一千一百六十八次，所以棒球比賽不僅僅是用打擊分出勝負的比賽，跑壘更是佔了相當重要的關鍵因素，因此在棒球比賽中也配置有兩位跑壘指導教練。

　　根據棒球規則5.03可以知道，攻方在攻擊時分別在一壘與三壘都有壘指導教練，但壘指導教練除了交換裝備之外，不能與跑壘員有肢體接觸。選手都知道這兩位跑壘指導教練在比賽中的重要性，畢竟當打者擊出球轉變成跑者，壘包上如果已經有跑者，也會同步往其他壘包前進，這些跑壘員在推進壘包的過程中很難全面的注意

球的路徑，因此壘指導教練就必須協助跑壘者觀察球與守備方的狀態，並且協助跑壘員做出判斷。

5.03	**壘指導教練 Base Coaches** （a）攻方於攻擊時應派2位壘指導教練於指定位置，1人在一壘方、另1人在三壘方。 （b）各隊之壘指導教練僅限2名，並應穿著該球隊制服。 （c）壘指導教練必須依規則始終留在壘指導區內，除非有Play發生在該壘，為給予跑壘員滑壘、進壘或返壘之指示時，得離開壘指導區，但所有壘指導員不得以任何方式妨礙Play之進行。除交換裝備外，禁止壘指導員碰觸跑壘員，特別是在給予暗號時。

▌跑壘成為影響得分的關鍵

在2021年10月17日美職國家聯盟冠軍系列賽第二場，亞特蘭大勇士對戰洛杉磯道奇。八局下，道奇四比二領先，由亞特蘭大勇士進攻，在二壘的艾迪·羅沙里歐（Eddie Rosario），在隊友擊出右外野方向短程安打時，三壘指導教練朗·華盛頓（Ron

Washington）指示羅沙里歐積極搶壘，拿下了關鍵的第三分。勇士隊接著又透過深遠安打送回壘上隊友，將分數追平。

這場比賽最後是由亞特蘭大勇士隊取得勝利，當時許多人認為華盛頓指揮選手積極跑壘是贏球關鍵之一。過去華盛頓教練受訪時便曾說過，當選手往他方向跑去的時候，就必須要有搶攻分數的意圖：「我們已經被訓練到跑壘具有侵略性」。由這案例也可以知道，跑壘的訓練以及場上跑壘員與壘指導員的應變能力，很有機會成為影響比賽勝負的關鍵！

從下面棒球規則〔5.05擊球員成為跑壘員（The Batter Becomes a Runner）〕、〔5.06跑壘（Running the Bases）〕這章節中，則比較完整的說明了跑壘的相關規則，這部分主要的是將可以進壘、不可以進壘的規則與情境列出，有些並有補述說明。

我們都知道，在棒球比賽中打者將球擊出後，就會成為跑壘員，當然在擊球區的打者要成為跑壘員，其實除了把球打進界內之外，也有其他的方式：

簡單來說，擊球者如果在球數有四個壞球〔5.05（b）(1)〕、觸身球〔5.05（b）(2)〕、捕手或其他野手妨礙擊球員〔5.05（b）(3)〕、界內球還沒通過野手就先擊中了裁判或跑壘員〔5.05（b）(4)〕，這些情境都會讓在打擊區的打者直接成為跑壘員，可以往一壘前進。

擊球員成為跑壘員 The Batter Becomes a Runner

5.05

（b）擊球員在下列情況下成為跑壘員，且不虞被判出局，給予至一壘之進壘權。（僅限給予擊球員進至一壘並踏觸該壘）

（1）主審宣告4個「Ball」時。

（2）擊球員無企圖打擊而被投球所觸及，但下列情況除外：

（A）未觸地之投球在好球帶觸及擊球員。

（B）擊球員未企圖避開投球而遭觸及。

未觸地之投球在好球帶觸及擊球員，不論擊球員是否閃避，應宣告為好球。若投球於好球帶外觸及擊球員，而擊球員未企圖避開而被觸及者，應宣告壞球。

（3）捕手或其他野手妨礙擊球員時（Interference）。

若某一Play中出現妨礙，攻方總教練得向主審提出拒絕接受妨礙之罰則，而選擇接受該Play之結果，如此之選擇應在該Play結束後立即提出。但若擊球員因安打、失誤、四壞球、觸身球或其他原因到達一壘，且所有其他跑壘員亦至少進1個壘時，則與妨礙無關，Play繼續進行。

（4）界內球於觸及野手以前在界內區觸及裁判員或跑壘員。界內球通過野手（投手除外）、或於觸及野手（包括投手）之後觸及裁判員，仍為比賽進行中。

關於〔5.05（b）（3）捕手或其他野手妨礙擊球員時〕這條規則，中職出現過幾次被主審判定為捕手妨礙擊球員的案例。

從過往案例中了解規則

在2020年8月4日中信兄弟對戰統一7-11獅的比賽中，七局下半周思齊上場打擊，第一顆球被主審判定是好球，周思齊當下便向主審示意球棒打到了捕手的手套，經過主審與其他壘審開會討論後，確定這顆球屬於捕手妨礙擊球員，因此周思齊可以前進到一壘。而妨礙擊球的規定，在〔6.01（c）捕手之妨礙（Catcher Interference）〕中也提到「擊球員受捕手或其他野手妨礙時，在不虞被判出局之情況下，可安全進至一壘（但僅給予進至一壘）。」

在棒球規則〔5.06 跑壘（Running the Bases）〕中，有三個項目來說明跑壘員（或打者）是否可以進壘：

5.06	（a）壘之佔有權 Occupying the Base （b）進壘 Advancing Bases （c）比賽停止球 Dead Balls

相關的規則情境其實相當多，特別在〔5.06（b）〕便舉了很多條例，跟大家舉個罕見的例子。

	跑壘 Running the Bases
5.06	（b）進壘 Advancing Bases （3）下列情況除擊球員外，所有跑壘員皆得不虞被判出局進 1 個壘： （E）野手故意以球帽、面罩或制服之任何部分，脫離正常位置觸及投手投出之球。此時為比賽進行中，跑壘員自球被觸及之同時，給予應獲得的進壘數。

2021 年 8 月 4 日美職舊金山巨人隊捕手科特‧卡沙里（Curt Casali），在比賽中接捕隊友強尼‧奎托（Johnny Cueto）投出的變化球，第一時間沒有擋到球的卡沙里，直接脫了面罩將球罩住，這個動作便是違反了這條規則，主審當下也馬上判定捕手犯規，跑壘員因此可以推進一個壘包。

▎跑壘的得分判定

我們最熟悉的跑壘規則，也就是跑壘員必須依序踏觸一壘、二壘、三壘並且回到本壘，便是在〔5.06（b）（1）〕有明確的規範：

5.06	（b）進壘 Advancing Bases （1）跑壘員於進壘時，應循序踏觸一壘、二壘、三壘及本壘。若被迫返回原壘，仍須依逆向順序踏觸所有之壘返回。

在5.08中也明確寫下得分的規則：

5.08	**得分記錄 How a Team Scores** （a）在3出局終了前，跑壘員合法地循序觸一壘、二壘、三壘推進至本壘者，可獲得1分之記錄。

規則〔5.09出局（Making an Out）〕，在這章節中主要是規範擊球員、跑壘員被判定出局的相關情境，其中最常被討論的就是關於「三呎線」的相關規則了。我們先來看看有關於三呎線的規則：

出局 Making an Out

（a）擊球員出局 Retiring the Batter

    （11）跑在本壘與一壘之間的後半段，跑出三呎線外側（Right of the three foot line）或跑入界外線內側（Left of the foul line），裁判員認為對一壘的傳球採取接球動作之野手產生妨礙。此時為比賽停止球。但為閃避野手對擊出球之處理而跑出三呎線外側或跑入界外線內側時，不視為妨礙。

（b）跑壘員出局 Retiring a Runner

    在下列情況下跑壘員應被判出局：

    （1）跑壘員為避免被觸球，離開壘線路徑（Base path）3呎以上者。但為避免妨礙野手處理擊出球者除外。跑壘員之壘道確立於當發生企圖觸殺行為時，從跑壘員至其企圖安全抵達之壘之直線。

5.09

【註1】所謂壘的三呎線是以壘線的中心為基準，左右各3呎之距離，即為6呎寬度帶狀之區域。此地帶是被視為允許跑壘員跑壘時的路線，跑壘員在避免被觸球於身體的情況下脫離此區域時，即使不被觸球亦為出局。跑壘員在上述之跑道外有被觸球行為發生時，以跑壘員與壘所連結之直線為基準，若離開左右3呎以上時，雖未被觸球亦為出局。

【註2】本項（1）之「但為」以下之規定為：野手於跑壘員之路線內處理擊出球，跑壘員為避免妨礙野手之守備行為而超出規定路線時，不成立出局。處理擊出球後，採取觸殺動作時，應適用本項（1）之前段規定。

▌三呎線的經典案例

如果到搜尋網站打「三呎線」，可以搜到不少案例，中職、日職與美職都有，不少選手都為了三呎線相關的規則發火過。我第一個想到的經典案例是在2015年世界十二強冠軍賽的妨礙守備判決，到現在還讓許多球迷津津樂道。

2015年11月21日，美國與南韓在日本東京巨蛋進行十二強的冠亞軍賽，這一場比賽南韓一路壓著美國打，四局上南韓就已經取得七分領先美國，四局下美國隊進攻，打者泰勒‧帕斯妥尼基（Tyler Pastornicky）擊出了投手正面的彈跳球，南韓投手金廣炫接到球後往一壘回傳，不偏不倚地打中了帕斯妥尼基，球也因此彈出滾到右外野去，而此時美國隊原先在二壘的跑者也跑回本壘，本來以為美國隊可以就此打破零分局面，主審紀華文卻裁定為妨礙守備，得分不列計，帕斯妥尼基氣得在一壘大吼，不過依然沒有改判。

應該很多人對這場比賽都有印象，當時帕斯妥尼基往一壘跑去時，便是跑在界外線的內側，剛好阻礙了金廣炫回傳一壘路徑，根據棒球規則〔5.09（a）(11)〕提到了跑壘員在本壘到一壘之間後半段若跑到界外線內側，「裁判員認為對一壘的傳球採取接球動作之野手產生妨礙，此時為比賽停止球」。很明顯的，這個案例的跑壘

員對一壘的傳球構成妨礙，因此紀華文的判決完全沒有任何問題。

另一個案例是 2019 年 10 月 30 日美職世界大戰第六戰，七局上國民隊進攻，打者崔亞・透納（Trea Turner）擊出了三壘方向滾地球，透納一路都沿著界外線內側往一壘跑，太空人隊布拉德・皮卡克（Bradley Peacock）接到球後往一壘傳，沒想到太空人隊一壘手尤里斯基・古力歐（Yuli Gurriel）要接球時，卻被進一壘的透納碰掉了手套，透納也一路跑向二壘。主審認定透納的跑壘是妨礙守備，當下國民隊的總教練戴夫・馬丁尼茲（Dave Martinez）上前理論，認為透納並沒有跑出三呎線，情緒相當激動，最後被裁判驅逐出場。透納認為自己將球擊出後直線跑向一壘，但因為被球打到了就被判出局，非常不能接受這樣的判決。當時的大聯盟副主席托瑞（Joe Torre）針對這判決也提出了說明：「這判決是因為他（透納）干擾了古力歐（一壘手）嘗試接球的動作。」

這兩個案例都符合〔5.09（a）(11)〕擊球員出局的規則，案例中的跑者都是一路跑界外線內側，同時都妨礙了一壘接球動作，因此妨礙守備成立，跑者出局。

接下來的案例跟〔5.09（b）(1)〕有關，同時也涉及到「棒球補述」的部分。

2020 年 5 月 10 日中華職棒樂天與中信兄弟的比賽，七局上半樂天的林智平在一人出局、一壘有人的情況下擊出了滾地球，一壘

的跑者陳晨威往二壘方向跑去，兄弟游擊手江坤宇接球後順勢想觸殺陳晨威，陳晨威煞車後往左前方撲去，當時的二壘審判決陳晨威沒有遭到觸殺，也並未違反偏離三呎線的規則，經過電視輔助判決後，認定陳晨威上壘。這個案例當時也引起了不少人的討論，聯盟賽務部當天也根據這案例做出說明：

1. 一壘跑壘員陳晨威跑向二壘時，游擊手江坤宇企圖觸及跑壘員，二壘審判決Safe，並未觸及一壘跑壘員。中信兄弟提出挑戰。

----

2. 經重播輔助判決小組審視畫面，游擊手江坤宇並未觸及一壘跑壘員。

----

3. 依據聯盟規則補述4.15〔跑壘員遭夾殺或觸殺偏離三呎線外之認定〕之（A）項規定：「當野手正在壘線附近處理擊出球，而跑壘員為了避免妨礙野手守備，或避免跑於壘線附近遭野手觸殺，而先行跑出壘線時，應視野手接球與跑壘員相關位置而定；若是屬前後位置之觸殺時，則不視為偏離三呎線，除非追擊時跑壘員再往外偏離壘線，始可認定偏離三呎線。」

----

4. 重播輔助判決小組認定江坤宇右手自手套取出球後，持球欲觸殺陳晨威時，陳晨威已通過其身旁，屬於規定之前後位置，故不視為偏離三呎線。

由這案例可以知道，重點在於陳晨威與游擊手的相對位置，因為游擊手並沒有完成觸殺跑者，而跑者已經通過游擊手，相對位置在相關規則中並不屬於偏離三呎線的範圍。

三呎線相關的案例還有很多，但因為三呎線通常只有在本壘到一壘間有畫設，其他壘包之間並沒有實際畫出這條線，因此在實務上，裁判的經驗相當重要，當然很常引起對判決不滿的爭執。

關於波西條款

除了三呎線外，很常引起爭議的規則就是「本壘衝撞」，也就是棒球迷口中常提到的「波西條款」。中職棒球規則關於本壘衝撞的部分是在〔6.01（i）本壘衝撞（Collisions at home plate）〕。

這條被稱為「波西條款」的規則，是因為美職巨人隊強打捕手普斯特‧波西（Buster Posey）在2011年5月25日與馬林魚隊的比賽中，馬林魚的跑者史考特‧考辛斯（Scott Cousins）衝向本壘時，將波西劇倒，造成波西左小腿骨折、左踝韌帶斷裂，不僅讓波西嚴重受傷，賽季也提早報銷。為了避免跑者全力衝刺回壘與捕手衝撞而產生傷害，因此美國職棒大聯盟2014年起便明文規定禁止本壘衝撞，中華職棒則是在2016年將棒球規則加入「本壘衝撞」的相關規定。

6.00	不正當的 Play、違規與不當行為

妨礙守備、妨礙跑壘與捕手碰撞
Interference ,Obstruction ,and Catcher Collisions

6.01

（i）本壘衝撞 Collisions at home plate

（1）企圖得分之跑壘員不可偏離原直接進壘路徑，以引起與捕手之接觸、或其他應可避免之碰撞。

依裁判員之判斷，若企圖得分之跑壘員以此方式碰撞捕手，裁判員應宣告該跑壘員出局（無論捕手是否持球）。在此情形下，裁判員應宣告為比賽停止球，所有跑壘員應返回發生碰撞時所佔有之壘。

若跑壘員以適當方式滑進本壘，則不應被視為違反本項規則。

【6.01（i）（1）原註】
跑壘員未盡力去觸及本壘，而以降低肩膀方式、或以手、肘、臂推撞防守球員，即可判斷為跑壘員因偏離路徑而引起與 捕手之接觸或其他碰撞，得視為違反本項規定。
若跑壘員滑壘時腳朝前，其臀部及腿部先著地才發生碰撞，則視為正當滑壘。
若跑壘員滑壘時頭部朝前，其身體先著地才發生碰撞，則視為正當滑壘。
若捕手阻擋跑壘員之路徑，裁判員不應認為跑壘員違反本項規則引起不必要之碰撞。

（2）除非捕手持有球，否則不可阻擋企圖得分之跑壘員的進壘路徑。依裁判員之判斷，

若捕手未持球卻企圖阻擋跑壘員之進壘路徑時，裁判員應宣告或示意跑壘員安全進壘。但若依裁判員之判斷，捕手合法企圖處理傳球（例如，為因應傳球的方向、傳球的軌跡或彈跳，或因應由投手或趨前的內野手之傳球等。）不得不擋住跑壘員之跑壘路徑，而導致無可避免之碰撞時，則不視為違反本項規則。此外，若跑壘員以滑壘方式可以避免與捕手碰撞時，即使捕手未持球亦不應被判為違反本項規則。

【6.01（i）（2）原註】

除非捕手未持球阻擋於本壘（或未合法企圖處理傳球），並同時阻礙或妨礙跑壘員企圖得分的進壘時，不可視為違反本規則之規定。

依裁判員之判斷，雖然捕手佔據本壘，但跑壘員有可能被判出局時，不可視為捕手妨礙或阻礙跑壘員進壘。當跑壘員滑壘時，捕手應盡力去避免不必要且強行的接觸。捕手不必要且強行的接觸行為有：以膝蓋、護具、手肘或前臂開始接觸跑壘員，此類行為將受聯盟會長處分。

本壘衝撞的規則是為了避免選手因為激烈的撞擊而受傷，簡單來說，這規則提到的是捕手沒有持球就不能擋住跑壘路線，但為了順利接球，導致必須阻擋到跑壘路線是被允許的，跑壘員不得蓄意衝撞捕手，不可以用手、肘、臂推撞防守球員，滑壘時必須以頭部朝前、身體先著地的方式滑壘。相關的「蓄意」與否都依裁判員的判斷，這些規定都是希望避免不必要的衝撞所帶來的傷害。

　　2019年7月7日美職的太空人與天使對戰，八局下半，太空人滿壘，輪到喬治‧切斯頓‧史普林格（George Chelston Springer III）打擊，當時在三壘代跑的賈克伯‧尚‧馬瑞斯尼克（Jacob Shawn Marisnick）積極往本壘衝去，當時天使的捕手強納森‧路克洛伊（Jonathan Lucroy）已經站在本壘板的內側準備要接球，本來跑在三壘邊線上的馬瑞斯尼克在接近本壘突然改變了前進方向，而捕手路克洛伊也正移動身體準備要接球時，馬瑞斯尼克就這麼直接往路克洛伊衝撞過去，承受正面撞擊力量的路克洛伊當場倒地，即使試著想要起身又隨即躺下，猛烈衝撞也嚇壞了現場許多人，馬瑞斯尼克也因為違反規則被判出局。

　　馬瑞斯尼克事後聲明表示自己並非蓄意撞擊，因為觀察到捕手可能會在本壘外側接球觸殺他，所以改變了前進路線。路克洛伊後續就醫檢查發現衝撞造成了鼻樑骨折以及腦震盪，必須休息數周才能回到球場，大聯盟也對馬瑞斯尼克處以禁賽兩周的處分。

　　這個案例很明顯是馬瑞斯尼克為了避免自己被觸殺而改變了跑

壘的路徑，雖然馬斯瑞尼克本人自覺並非故意，依然以規則中「企圖得分之跑壘員不可偏離原直接進壘路徑，以引起與捕手之接觸、或其他應可避免之碰撞。」判決馬斯瑞尼克出局。

關於跑壘的相關規則除了典型案例外，還會有很多各式各樣的情況，然而基本的得分規則是不變的，為了穩當獲得每一次推進壘包的分數，只有從基礎就培養良好的跑壘態度和習慣，讓它成為自身的反射性動作和思維。

Part

4

世界棒球
經典賽的啟發

透過蓋瑞・賽曼的推薦，
我終於有機會前往美職的國民隊擔任客座教練，
也學習大聯盟春訓與教練團相關運作的流程。
透過這次客座教練的機會，
讓我概略觀察了大聯盟春訓的輪廓，
以及如何安排球員的訓練菜單。

2013年世界棒球經典賽在東京與日本隊的對戰，對許多棒球迷來說，應該是相當經典與難忘的一戰，似乎差那麼一點點，我們就贏了，在觀眾席上的日本人也感受到這支台灣隊伍帶來的壓力，全場屏氣凝神，台灣隊跟勝利似乎就差這麼一小步。

九局下半，兩人出局，一壘有人，日本隊在我們領先一分的情況下發動盜壘。盜上二壘之後，再靠著一支短程安打追平了比數，將比賽逼進到延長賽。

進入延長賽後，形勢對於後援投手戰力比日本隊弱的我們來說，就顯得相當不利了，最終我們輸了這場比賽，那個一直拿不下來的第三個出局數，成了許多球迷心中的遺憾，而我對於日本隊在九局下半落後的情況下，居然採用大膽的盜壘戰術感到相當好奇：「那是一次賭博式的跑壘？還是日本隊的總教練只是單純直覺的想要賭一個機會？」

後續透過報導得知，日本隊的戰術是經過計算與考量的，「到底這樣的盜壘有沒有什麼方式可以計算出成功率？他們是用哪些資料判斷，從當時的投手手中追平比賽的可能性是高的？」這些疑惑讓我對於跑壘這個領域產生濃厚的興趣，覺得這絕對是影響球隊勝負的關鍵之一，但可惜台灣鮮少有人特別提起，在這樣的起心動念下，讓我萌生想要更深入學習跑壘這門學問和技術的想法。

從心動到行動的學習歷程

雖然產生鑽研跑壘技術的念頭，但要付諸實行的確有點難度，原因在於台灣並沒有相關的教學和研究，而出國進修當時對我來說，更是相當遙遠的事，除了語言的隔閡，也不知道該從哪個方向著手。

一直到2015年郭泓志要到美國費雪訓練中心做復健訓練，我剛好有機會跟著他一同到美國進修，不過當時前往美國的進修目標比較偏向與體能鍛鍊相關的重量訓練，但也因為踏出了這個第一步，而發現其實到美國學習與生活並沒有想像的困難。

除了當地有相當多熱情的僑民給予交通、住宿上的協助外，語言不通時需要的翻譯，他們也都很樂意協助。果然一個離鄉背井的人，在他鄉遇到同鄉人總是倍感親切，因此之前覺得出國訓練這樣看似遙不可及的事，因為當地僑民的協助，消除了心中不少的不安，也有了最先的開始。

2017年，我向好友蓋瑞‧賽曼（Gary Thurman）主動詢問是否有機會到美國見習，透過賽曼的推薦，我終於有機會前往國民隊擔任客座教練，也學習一下大聯盟春訓與教練團相關運作的流程。透過這次客座教練的機會，讓我概略觀察了大聯盟春訓的輪廓，以及如何安排球員的訓練菜單，之後我便將這跑壘經驗帶回台灣，運用

在2017年統一獅的秋訓與春訓中。

　　從2017年與2018年統一7-11獅的跑壘表現可以看出來，這套系統用在年輕選手身上帶來的成長是相當快速的。從表4-1統一獅在2016年至2018年二軍例行賽盜壘成功次數，可以得知自2017年進行跑壘技巧的訓練後，在盜壘的次數上有顯著的增加。

表4-1　統一7-11獅
　　　 2016年～2018年二軍例行賽盜壘成功次數

年度	盜壘成功次數
2016	73
2017	137
2018	120

　　2020年我轉往富邦悍將二軍執教，從表4-2可以顯著地看出2020年盜壘成功次數也遠高於2019年。從相關的數據可以知道，透過有系統的跑壘訓練，光在盜壘的成功次數上就有顯著的增加，這些經驗的累積可以顯示出這是正確的訓練方向。

表4-2　富邦悍將
2019年～2020年二軍例行賽盜壘成功次數

年度	盜壘成功次數
2019	63
2020	120

　　2019年是我第三次出國進修，當時我設定的目標是觀察大聯盟的農場系統運作模式。大聯盟一支球隊的農場有七支小聯盟球隊在支撐，小聯盟根據實力分了七個層級，層級由低到高分別是新人聯盟（Rookie）、高階新人聯盟（Rookie Advanced）、短期1A（Short A）、1A、高階1 A（Advanced A）、2A（AA）、3A（AAA），我很想知道為什麼要分得這麼細？每個層級代表什麼？每一個階段養成的基本時間是多久？

　　以小聯盟的這些階段來說，例如高中就讀多明尼加的棒球學校，大概16歲畢業後就能與小聯盟簽約，銜接到小聯盟裡的新人聯盟，剛進去小聯盟體系的高中畢業生，大概以五至七年的養成時間來估計，目標為進入大聯盟，也許能力好就能提前進入，能力不佳也可能就放棄了。若是大學畢業進入小聯盟，則大概需要三至五年養成期來準備進入大聯盟。

從基礎打底的四階段學習

我認為小聯盟分成七個層級這段模式是有跡可循的，我將其分為「學習」、「力行」、「策略運用2A」與「鬥智3A」四個階段，可以說這些階段就是從基礎開始到準備進入大聯盟的進程。

在新人聯盟、高階新人聯盟、短期1A、1A這幾個階段，都是屬於學習較多的部分；高階1A與2A則是身體力行的階段；2A也會開始加入策略運用；3A階段的選手則已經相當成熟，是屬於鬥智的階段。

舉例來說，一開始在比較低階的層級（新人聯盟、高階新人聯盟等），都是著重在基礎的學習，例如看情蒐資料、各類紀錄表、戰術與暗號等；第二階段就會進入到親身實踐，學習如何將自己所學的身體力行，並且駕輕就熟的運用在比賽中，因此會有比較多時間學習身體的運用能力；接下來面對的就是如何策略性的使用，在哪個時間點、該怎麼做，可以幫助球隊贏球；進入了判斷思考的領域。第四階段就是與對手進入鬥智的狀態，要去思考對手會用什麼樣的策略、戰術，我方該怎麼面對與攻破，將這四個階段熟練之後，才有進入大聯盟戰場的基礎能力。

因為小聯盟有這樣比較完善的訓練系統，因此似乎比較少在大聯盟看到所謂的「低級失誤」，畢竟在小聯盟訓練的過程中，是逐

步地、一關一關往上升級。就好像品管一樣，這關通過了才進入下一個關卡，有需要加強改善的地方就停下來調整。

美台跑壘訓練差異

　　小聯盟的跑壘訓練是融入在每天的訓練課表裡，跟打擊訓練的組別相互搭配，讓打者有一些情境或戰術去執行，例如打帶跑、內野的趨前，或是內野退後守備，然後搭配打者在這些狀況下練習，讓跑者在壘上做相對應的跑壘。這個訓練方法的好處在於，打者和跑者都知道現在要做什麼，打者要做出最有利的打法，而跑者則要判斷打者擊出來的球並做出應對。這是一個滿棒的組合，因為整合了兩個部門的訓練，而且融合在每天的打擊訓練裡，就能減少額外的跑壘訓練時間。

　　在美國的訓練中，教練團會先盡可能的模擬出所有狀態，也就是說，球員在訓練時有各種情境的模擬，接下來就是看不同的情境下，在技術上能夠執行到什麼程度，藉由這樣的模式培養球員的判斷力。

　　為了讓球員可以應付各種狀況，教練團會將很多不一樣的情境拆分得很細微，包括：擊完球後該如何起跑；起跑的角度；一壘安

打、二壘安打時，起跑的路線如何安排；在各個壘包時，要注意哪些事項，例如離壘的角度、離壘的方式、回壘的方式，還有不同戰術相對應的跑法。

教練解說完後，會讓球員了解如何執行這些觀念，之後再將這些情境放到訓練中，球員便能對各種可能的狀況有更多預判。當把所有可能發生的因素都整理出來也沙盤推演過，犯錯的機率當然就會大大下降。犯錯通常就在於不了解或是根本不知道，又或是不夠熟練等三種可能性。

然而在台灣，比較常見的是球員對於很多模式或情境可能根本不了解，也從來沒受過相關的訓練或指導。常是選手犯錯之後，再從結果論反推當下該如何跑，因此「事後補救」是台灣普遍的訓練方式。另一方面，我們又沒有把這些補救動作系統化整理起來編成教材，讓選手可以做事前預防的動作，我覺得這是台灣和美國差異比較大的地方。也由於台灣缺乏跑壘基礎教材，所以很難提供系統化的跑壘訓練。

借鏡美國的學習經驗

在美國擔任客座教練時，可以說就像劉姥姥逛大觀園一樣，畢

竟過去台灣的訓練資源並不是那麼充沛，即使台灣近年在相關的資源投入不少，但若要跟美國比較，依然有著一段不小的距離。光以球場來說，我們有個國際標準球場能訓練就覺得很幸福了，但到美國參加了當地的訓練，就會知道一個球場其實就只是低標、一個球隊的基本配備，有兩個或以上的球場，才能充分提高訓練效率，而美國的春訓基地甚至配置六個以上球場提供球員練習。

回頭看看我們，台灣近年的二軍農場才剛比過去有多一點改善，也更加有規模，但若跟美國小聯盟比，還差了一大段距離，更不用說相關的硬體設備也還有很大的進步空間，對比美國球隊春訓時有六個球場運用、提高訓練效率，台灣目前的職棒球隊還不是每支球隊都有完整的春訓球場。

此外，我們目前的基層訓練幾乎都專注於投打的訓練，以守備訓練來說，需要投入的訓練人力較多，成本也較高，相對於投打花費的訓練時間比例就低了，更不用說專注在跑壘訓練上的時間，那更是少之又少。

從訓練即時的效果來看，大家還是以強化打擊為優先，因為打者只要經常做打擊訓練，熟能生巧，就有機會提升能力。甚至在打擊訓練上，能夠使用機器取代投球進行，訓練的場地限制也比較小。但守備、跑壘相關的訓練，不但需要空間，還要有適合的場地，甚至紅土與草皮的不同也會影響訓練的細節。台灣的球隊資源並沒有這麼充足，這部分的練習就會比較匱乏。

簡單來說，目前在台灣是投打訓練優先、第二是守備，幾乎沒有其他時間與資源投入在跑壘訓練。

當初出國學習，就希望能將國外的跑壘教材帶回來，融會貫通後，拆解成初階、中階、高階，特別是初階的部分，必須在基層就開始推廣與訓練，如此一來，有了跑壘教材與工具，才有辦法進行系統化的訓練，有系統才能成就台灣的棒球文化，基礎打好了，才能在系統的訓練上注意相關細節，將跑壘的水準往上提升。

▌有效率的訓練與學習

也許大家會有疑問，球場的數量會影響到球隊訓練的效果嗎？沒錯，而且有著出乎想像的差距。球隊有多個球場、訓練場地提供給選手訓練時，就能將許多訓練的細節拆開在不同球場完成，不僅能提升訓練的效果，也能將訓練時間做更有效率的分配，減少每一塊訓練的等待時間，讓訓練可以不停歇的銜接下去。

例如體能訓練後接著打擊訓練，打擊訓練後接著守備訓練，守備訓練結束後直接又能進行跑壘訓練，因為訓練場地的數量充足，就能一關關的輪著訓練下去，也不需要花費額外的時間等待，訓練的效率當然就提高了。

因此，若在場地不足的情況下，有可能美國三個小時完成的訓練內容，在台灣要九個小時才能完成同樣的練習。光是訓練時間，我們便與美國球隊差異近三倍，更不用說過去小聯盟比賽一年至少有一百四十四場，台灣目前二軍只增加到八十幾場，比賽的經驗值也有差距，等於小聯盟每打一年，台灣的訓練時間與比賽經驗的累績就落後他們將近一年，經年累月累積下來，棒球訓練與實力的差距就相當驚人了！

　　台灣的農場不像大聯盟有這麼多的層級制度，訓練也因場地與人員配置較不足，比較傾向齊頭式的訓練，沒有特別區分層級。而二軍每天訓練的內容因為涵蓋了年輕到資深選手的層級，於是同樣的訓練模式與內容對年輕的選手來說，可能難度有點高，對資深的選手來說又顯得太輕鬆，在訓練的效果上就無法很到位。

　　例如同樣量化的訓練強度，對年輕需要打底的選手來說也許恰當，但對於資深的選手來說可能量就會過重。年輕選手需要量化的訓練，是因為身體尚未養成習慣，必須透過量化訓練打好基礎與增加身體的強度，但是對於資深選手來說，是要如何在賽季中減少身體的磨損與疲勞，同時也得避免受傷，訓練的策略上絕對與年輕的選手不同。因此同一套的訓練模式，對於不同層級的選手會產生差異性極大的效果，就好比老車跟新車的開法跟保養方式必然不同，因此以台灣現階段訓練環境下，有系統地分類選手並且安排訓練課程相對是比較重要的。

若說小聯盟的選手需要五年養成，以台灣目前的訓練環境來看，很有可能一個選手走完了大半的職業生涯，卻還不清楚自己在整個職棒生涯的過程中，到底能把自己的實力提升到哪裡，在懵懵懂懂之間棒球生涯就結束了。

Part

5

借鏡美國選手的
養成教育

對比美國與台灣選手的養成過程，
美國在訓練的過程中除了技巧的培養，
對於心理的重視程度也相當高，
而台灣對於心理的重視層面並不足，
因此有許多能力優秀的選手，缺乏足夠強韌的心理支持，
導致球員生涯如流星般快速殞落，
還未能真正發揮就離開舞台。

在美國小聯盟進修的時期，我跟隨的是巡迴教練，不是單一球隊訓練計畫的管理者。巡迴教練的任務在於視球場當天的狀況，針對跑壘下指導棋和教學，並跟球員回饋接下來的功課，同時把問題記錄下來，等到下一次巡迴的時候再做確認。過了兩、三個星期，當他回到同一支隊伍，他就會去看過往紀錄，驗證跟之前相比，是不是有修正到較好的狀況，或是還有哪些不足的地方與需要持續修正。

因為跟隨的是巡迴教練，所以我跟著他巡迴跳點的時候，接觸到的通常是指導性的工作、重點式的指導，雖然無法非常清楚掌握每一隊的訓練菜單與流程安排，卻可以接觸到各個專項的教練，包括打擊、投球、守備、內野、外野、捕手等，還有每一個層級的總教練對於跑壘訓練的想法，及整支球隊的訓練大方向。

從場地安排到訓練菜單

通常整支球隊的訓練方向是一樣的，但不同層級會有不同的訓練方針。以盜壘為例，教練會希望低層級的選手透過大量嘗試，從做中學、錯中學；而高層級的選手則是要掌握對球隊效益最大的時間點盜壘。在這樣的狀況下，我常可以觀察到所有小聯盟的層級

裡，個別在指導些什麼，以及他們在每個層級為選手設定的目標。

　　在美國的經驗，讓我了解從新人聯盟、短A然後低階1A、高階1A、2A、3A，甚至多明尼加的棒球學校，每個層級各自培養選手的重點是什麼，以及每支小聯盟球隊總教練的訓練菜單又是如何安排。

　　如表5-1，這是2019年某一支小聯盟球隊的訓練時間表，當天中午因為有安排比賽，所以訓練的安排以比賽開打前的上午為主，表定整個場地開放可以練習的時間是上午七點四十五分，這時間室內訓練場開放，一直到八點二十五分的會議之前，大約有四十分鐘可以做些強化的訓練。

　　如果是以養成為主的低階球員，教練在這段時間會幫選手安排需要強化的部分；但如果是高階球員，由於選手比較清楚自己需要加強的地方，就可以主動請教練安排他所需要的練習。

▎從新人到1A的訓練要點

　　剛從新人聯盟到球隊時，球員的訓練重點在於理解並熟悉身體的組成和建構，所以可能比較著重於基本動作的訓練、觀念、重量訓練，還有對於營養補給的常識養成，以及如何看懂情蒐的資料，

表5-1 2019年小聯盟某支球隊的訓練時間表

POSITION PLAYERS（野手）			PITCHERS（投手）		
時間	內容	地點	時間	內容	地點
7:45	OPEN CAGES 室內訓練場開放				
8:25	野手會議	Turf Field	8:25	投手會議	Turf Field
8:30	全隊會議	Turf Field	8:30	全隊會議	Turf Field
8:45	熱身	Turf Field	8:45	熱身	Turf Field
9:00	傳接球	Field 2	9:00	拉長球	Field 1
9:15	內野守備訓練		9:15	投手訓練	
	捕手	14 Pack		A 組	Half Field
	內野手	Field 1		B 組	Turf Field
	外野手	Field 2			
9:45	打擊訓練	Cages	訓練（SIDES）		14 Pack
10:45	午餐		午餐		
11:45	前往球場準備比賽		前往球場準備比賽		
12:00	比賽		比賽		

或是情蒐資料收集重點和方向等，這些學習可以幫助球員更清楚自己的能力與限制，也可以運用訓練和學習達到日後更多的成長。如果沒有在新人聯盟就先打好基礎，當球員提升到不同的層級，比如短A、低階1A，就沒辦法即時運用這些訓練、學習到的情蒐方法，或是技巧。他們不但沒辦法銜接接下來的應對，也無法達到比較好的效果，所以球團必須讓球員懂之後再做。當懂了之後再做便是加成，如果不懂去做有可能是反效果。就像重訓，在不了解的狀況做一些動作，反而容易導致受傷。

通常新人聯盟都是先教球員觀念，短A再讓球員去嘗試串連，等串連完再讓球員到1A把整個流程跑順暢並增加難度。球員在低難度的狀態下能將所學流暢運用後，就會讓他升上高階1A，接受更高強度的挑戰。

從1A到2A的訓練要點

可以承受更高強度的挑戰之後，球團就會把球員放到比較能讓他們玩球的等級，通常2A是積極開發球員潛能的階段，也是球團測試球員能力天花板最好的試煉場所。

舉例來說，2A的投手球速會是在整個系統裡最快的，因為在

這階段都還在開發選手的潛力，所以會讓球員盡情的飆球速，因此會把球隊裡比較有潛力的新秀拉到這個層級，看球員的天花板有多高，但選手可能還沒有具備很好的控制力，可是這時間點要的是球速突破，所以並不會限制球員一定要將球控制得很好，而是先逼出他們的球速潛力，其他的項目也是一樣，怎麼樣將自己的能力拉到最大值。

比如盜壘的能力，秒數能跑到多快，或是對投手動作的反應時間能多短，起跑時機能否更精準的掌握，或是對比賽的解讀是否擁有高於同層級選手的判斷能力，這些都是在這個層級要強化的。

從2A到3A的訓練要點

3A必須是球員最成熟的階段。例如3A投手的控球能力與策略是最佳的，來到3A的投手，基本上就表示已經準備要上大聯盟了。而且在這個層級裡，還有許多是大聯盟上上下下的選手，就是俗稱4A的選手，他可能在3A的比賽打遍天下無敵手，可是進到大聯盟還沒辦法生存。所以最上層的大聯盟，就是考驗如何維持讓自己生存的能力，再來就是球團是不是需要你所擁有的技能。所以個人擁有的技能是很重要的，在3A的其實都是在等機會的選手，

一個小聯盟選手的養成時間，以高中生來說，約莫是五至七年；如果是大學生畢業，養成時間約三至五年。在美國養成選手要花這麼長的時間，所以才會分成七個層級讓選手逐步去爬昇。如果爬得快就像資優生一樣會跳級，表示他在每個環節都已經過關，可往下一個關卡前進。此外，每個關卡會讓選手累積到充足的信心，才讓他們到下個層級，球團並不希望球員太早到強度過高的層級，那反而會打擊球員的自信心，使其自我懷疑。

　　一旦球員進入自我懷疑的階段，便很容易進入惡性循環，懷疑做這些事沒有用，或是自己未具備這些能力，這對於選手生命是很大的折損，所以美國的訓練養成會希望選手能帶著充滿自信的感覺挑戰下一個層級，讓他們到下一個環境能夠充滿自信做每一件事，並對自己的努力和準備都充滿信心。

　　對比美國與台灣選手的養成過程，美國在訓練的過程中除了技巧的培養，對於心理的重視程度也相當高，而台灣對於心理的重視層面並不足，因此有許多能力優秀的選手，缺乏足夠強韌的心理支持，導致球員生涯如流星般快速殞落，還未能真正發揮就離開舞台。

跑壘訓練系統化的
必要性

跑壘學的系統可以從初階、中階和高階三個層級做不一樣的分化，
初階針對比較基層棒球的選手運用，
主要訓練方向在於認識各個壘包與每個壘包的跑法，
和每個壘包相對應的出局數該怎麼樣面對，
中階的訓練就可以開始將一些情境融入，
等球員已經可以控制自己的身體後，
把情境訓練融入，可以搭配一些戰術使用。

台灣過去並沒有一套完整並系統化的跑壘訓練教材，所以較難做全面性的跑壘能力提升。整體來說，每個選手都應該在跑壘技巧上具備基礎知識與觀念，但仍建議中線野手需擁有更進階的跑壘能力。

　　中線的野手指的是二壘手、游擊手與中外野手，通常這幾個守備位置具備了速度與敏捷，因此他們對於繞壘技巧會比其他守備位置的野手更具侵略性並掌握得更好，才能在比賽中創造出更多的得分契機。

　　至於其他守備位置的野手（一、三壘手與左右外野手）比較需要強大的長打能力，捕手則可能比較著重在跟投手之間的配合、引導以及阻殺，但在跑壘能力上至少必須擁有基本跑壘觀念與技巧。

　　我認為最理想的訓練是在賽前或每天打擊訓練的循環時，將跑壘與打擊練習結合。也就是當打者進行打擊情境訓練時，跑者也在壘上對應相同情境，類似雙方同步進行比賽模擬。

　　試想若能在每天的打擊練習做到這樣的模擬，一整年便等同於打過多場模擬賽，這些練習會潛移默化的影響球員的潛意識。假設你在打擊，二壘有人的時候，你就會去做所謂的反向攻擊，將球往右半邊打，一旦習慣這個模式，比賽時，身體很自然地將球擊往右半邊便成為你的反射動作，而不是經過腦袋思考，因為這樣的反應已經形成一種習慣。我們便是要經由練習養成這種習慣！

　　所以我們必須將這些習慣加入平常的訓練中，如此一來，就可

以減少獨立跑壘訓練的頻率，在平常的訓練中就將這些元素融入，讓選手在無形之中慢慢養成習慣，這是日常訓練的理想狀態。

全力衝刺的跑壘對打擊率的影響

2008年例行賽上半季，我還是統一獅的選手，當時的打擊教練安東尼告訴我們，每二十個的打數中，擊出五支安打與六支安打看起來的差距只有數值1。但若從打擊率（打擊率＝安打÷打數）來看，五支安打的打擊率是兩成五，六支安打的打擊率是三成，卻是兩成五與三成的差距。在一般世俗的觀念裡，兩成五打擊率是一位極普通的打者；而三成打擊率，直覺上就會覺得是穩定的表現，而且算是一位優質打者，而兩者在二十個打數之間的差距，卻只有一支安打。

當下我真的超級震撼！而這支安打該怎麼產生呢？假設每二十個打數裡，每次打出內野滾地球時都是全力衝刺，只要這二十個打數裡多爭取到一支內野安打，那就能從兩成五打擊率的打者，搖身一變成為三成打擊率的打者。這樣全力衝刺的過程，也能夠造成對方守備上的無形壓迫，使對方發生失誤的機率大增；如果對手出現關鍵失誤，便能為球隊產生出不同層次的實質貢獻。

當時我們球隊的戰績不是很穩定，安東尼教練希望每個人都能夠累積一點自己的正面力量，大家一起累積，便會蛻變成一股更強大的力量，使球隊更強。如果每個人的二十個打數都是全力衝刺，在這二十個打數裡分別換取到一支內野安打，先發九個打者在未來五場比賽中便會換到九支安打；等於每場比賽都能替球隊多增加一到二支安打，這對於戰績來說也會有正面的加乘效應。安東尼透過這樣的說明提醒我們對於比賽的投入和態度，只要大家都是正面、積極的，球隊的穩定性就會提高。如果我們能把細節做好，整個球隊的架構銜接上就會比較好，整體的連結也會更完整。

不同階段的訓練和目標

跑壘學的系統可以從初階、中階和高階三個層級做不一樣的分化，初階針對比較基層棒球的選手運用，主要訓練方向在於認識各個壘包與每個壘包的跑法，和每個壘包相對應的出局數該怎麼面對。因為他們剛接觸棒球，所以只要懂怎麼跑即可，其他有很多不確定因素，只能先靠球員本身的臨場反應，必須先讓球員能夠顧好自己，無法要求他要兼顧其他的狀況。

在基層的養成過程，選手還在學習如何操控自己的身體，進而提升身體的控制能力，所以在這階段只需先具備好初階想法與身體控制能力，例如學會盜壘以及繞壘的技巧。在這個時間點給予過多高階的訓練，球員的身體會跟不上，所以在初階系統化訓練裡，比較強調控制身體以及基本的跑法。

中階的訓練就可以開始將一些情境融入，等球員可以控制自己的身體後，把情境訓練融入，讓他們加快對場上狀況的反應，進而增加在壘上的侵略性！

進入到高階要探討的是所謂的策略面，就是在比賽的過程中，如何研究投捕的配球，投捕在什麼時間點比較無法兼顧跑者，例如進行到中心棒次，變化球比例會增高，因為投手有閃躲心態，對盜壘來說就是利多！所以高階球員比較著重在策略以及解析比賽！進一步判讀出什麼時機是最好起跑點，或者是哪些時機要更積極搶壘，哪些時間點要保守一點！

高階訓練可以搭配一些戰術運用，如一三壘有人時的雙盜壘、打帶跑戰術以及跑帶打戰術，多種戰術運用搭配，這些都可放在高階的訓練系統裡面。

▎不同年紀的要求和訓練

　　跑壘的系統化訓練並沒有年齡上的限制，例如台灣小朋友的棒球萌芽期多數在國小，因為他們控制身體的能力還不成熟，所以光是簡單的基礎訓練，他們就需要滿長的時間學習。例如在本壘擊球後，每次都需踩在一壘壘包相同位置的要求，對初學者就有一定的難度，需要一段時間熟悉。

　　至於身體控制能力比較好的選手，便可以多增加一些進階的技巧和想法，讓這些國小選手能擁有國中的水準。不過基本上國小的階段還是比較建議讓他們愛上棒球，別剝奪了棒球本身帶給孩子的樂趣，就讓他們覺得棒球是好玩的，並從中獲得成就感！

　　到了國中的階段，當小朋友已有打球的興趣之後，我們可以讓他有更多的訓練和學習，若他對這項運動更了解也有興趣，他便更願意去鑽研。這時球員對於身體的操控能力又比小學時更好，我們就可以提供他更進階的觀念和技巧，讓他知道怎麼樣運用更靈活的身體完成更具侵略性的跑壘訓練。

　　到了高中以後，在身體發展得更成熟的狀況下，便要開發球員的潛力，這時可以開始引領球員挑戰自己的極限，例如離壘距離的極限、回壘距離的極限、跑壘速度的極限、繞壘角度的極限。

　　以離壘距離極限來說，跑者離壘的距離愈長，給投手的壓迫性

愈大，對跑者而言也能縮短與下一個壘包的距離，相對也會提高往下一個壘包的成功率。這個時間點是球員成長的爆發期，他可以試著探索自己能力的最大值在哪裡。

這個階段的訓練重點在於場上情境，選手需要更理解場上的一些邏輯，以及守備方選手的跑位與接球方法。例如，外野手接球後，身體動力是否在傳球路徑上、內野手轉傳時的接球角度是否導致傳球動力終止，以上因素都會增加守備方助殺的時間，對跑者而言有更充裕的時間推進壘包。

階段	建議訓練內容
初階	壘包直接踩踏位置 繞壘踩踏壘包的位置 安打時繞壘的軌道 一壘暴傳時跑壘練習
中階	盜壘的技巧訓練 滑壘的技巧訓練 撲壘的技巧訓練 戰術搭配訓練（跑帶打、打帶跑……等）
高階	情境訓練（將對手守備狀況情境放入） 戰術搭配訓練

Part

7

上場吧！
跑壘技巧的實際操練

透過每個壘包的各種情境與技巧說明，
一起練習跑壘吧！

跑壘的細節其實相當多，需要面對的情境也非常複雜，本書將以初階為基礎，從本壘開始依序說明每個壘包跑壘的重點與基本情境教學。

工欲善其事，必先利其器。進行跑壘練習時，我們可以準備一個壘包、有色噴漆，在壘包上踏踩的位置噴上色彩，用來強化跑者對於踩踏時正確位置的認知，因為對於基層選手來說，每次跑壘的確認都相當的重要，可以累積成為反射動作，使眼睛與步伐都能同時確認是否正確踩踏到位。

從本壘出發

首先，讓我們看看從本壘直線衝刺跑一壘的基本技巧要注意哪些。

直線踩壘的正確方法和姿勢

　　打者一定都是從本壘出發，我們要跑壘，一定要學會「正確踩壘」的方式。壘包為立體的正方形，因規格的些許差異而有所不同，可能會高一些，也可能扁一點，但每個壘包的踩法幾乎相同，知道正確的踩壘方式與位置，才能降低跑者受傷的機率。

　　當打者擊球後便轉為跑者，必須以腳掌前緣踩在壘包前緣靠近中間的位置，因為跑壘員在跑動速度快的狀況下，步伐難免會有誤差，前腳若設定踩踏在壘包前緣中間位置，如圖7-1，在快速踩踏過程中，如果不小心左偏或是右偏，都能確保腳能踩踏在壘包上的安全範圍內（圖7-1灰色區塊都屬於安全範圍），這樣的方式可以避

免打者在踩踏壘包時發生打滑以及扭傷的風險，降低運動傷害的可能性。

　　如果沒有正確踩踏壘包會造成哪些風險呢？可參考圖7-2的說明。踩踏的區塊若太靠近壘包的中央位置，將會提高踩踏時打滑的風險，若釘鞋勾到壘包邊緣高低落差的區域，有可能會讓跑者受傷。如果一開始習慣踩踏壘包的左、右外側者，很容易因為在快速行進中沒有踩穩壘包而提高受傷的風險，因此練習直線踩壘時，應先設定腳步要踩在壘包前緣中間的區域。

圖7-1　直線踩壘的正確踩壘位置

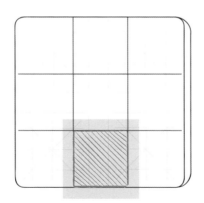

圖7-2 下面三個區塊都是直線踩壘時，
　　　　受傷風險較高的踩踏區域

中央位置　　　　　　　　左下位置　　　　　　　　右下位置

▎繞壘的正確方法和姿勢

　　有了直線衝刺從本壘跑上一壘的正確踩壘概念後，要注意的就是一旦擊出安打後，正確的繞壘巧有哪些，了解這些對於得分將有事半功倍的效果。

　　直線踩壘包時，重點在於跑者必須踩在壘包前緣中間的位置，但當跑者需要繞壘，建議是踩在壘包內側角，不管跑者在哪一個壘包，只要是繞壘，就建議以內側角為踩壘點，並以順踩步伐的那隻腳優先。

若擔心實際操練時踩錯位置，練習時可以在壘包內側角的位置塗上顏色區別，從視覺上就讓選手有明顯的目標可以辨別，也讓選手在每次跑壘練習，都能夠藉由不一樣的顏色加深印象，以便確實踩踏壘包的內側角。

壘包正確
踩壘位置
示範影片

圖 7-3　繞壘建議內側踩踏位置

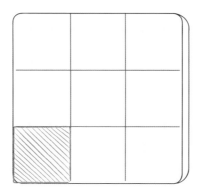

情境說明與技巧

　　當打者擊出球後，角色即刻轉變為跑壘員，首先要確認擊出的是滾地球、平飛球還是高飛球，不同的情境需注意的跑壘重點也不同。

情境 **1** 擊出「滾地球」

　　揮棒完成後的跑壘路線一定是直線，但在跑壘過程的前幾步，必須先確認滾地球是否穿越守備方。

如果滾地球「沒有」穿越守備方，必須用最快的速度跑向一壘。

如果滾地球「有」穿越守備方，跑壘員必須馬上調整跑壘的軌道，進行繞壘動作。如圖，擊球後眼睛的視線要跟著球，確認是否穿越守備方。

情境 2　擊出「平飛球」

當球直擊守備人員時，全力直線衝刺，
直到守備方確實接捕。

如果飛越守備人員上方，跑壘員繞過一
壘壘包，身體側向守備員後去做判斷，
如圖。

情境 **3** 擊出「高飛球」

內野高飛

先以上一壘為主，再伺機而動。

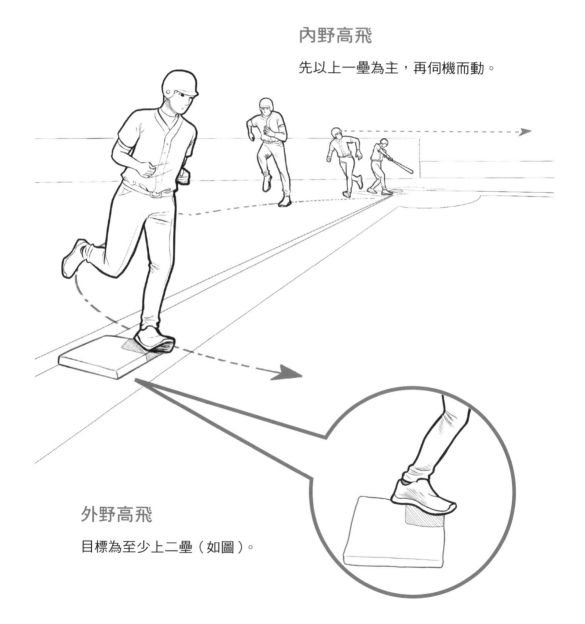

外野高飛

目標為至少上二壘（如圖）。

情境 **4**　打擊者擊出安打時

可分為左、中、右外野三個面向進行繞壘練習。

左外野

當打者擊出「左外野」安打，無論是滾地、平飛安打，因為左外野手距離一壘壘包比較遠，回傳的距離相對比較長，跑者繞過一壘壘包時，觀望的距離可拉長，並以身體側向左外野手的方向做煞車與判斷，觀察守備方是否產生失誤，能再繼續推進下一個壘包。

中外野

當打者擊出「中外野」安打，無論是滾地、平飛安打，
跑過一壘壘包後，必須讓自己的身體面向中外野方向做
煞車與判斷，觀察守備方是否產生失誤，能否再繼續往
二壘推進。

右外野

當打者擊出「右外野」安打，無論是滾地、平飛安打，而右外野手是在正面接球的情況下，繞過一壘壘包之後的觀察距離不可太遠，因為右外野手回傳一壘的距離較短，必須讓身體面向右外野手做煞車動作，觀察右外野手是否產生失誤。

情境 5　從本壘往一壘跑時

發現一壘手正準備做一個彈跳的接球，或者跳起來救傳高的球，又或是很明顯去做傳歪的球的補救，跑者可以有以下兩種動作因應。

第一種因應動作：衝浪式煞車

不確定是否暴傳時，當你踩過壘包，需先做小碎步煞車，並向右轉90度銜接側跳動作，使跑者面向可能暴投的方向。

在直衝一壘的煞車練習中，最後轉身煞車的動作，可以想像自己站在衝浪板上，因為這動作很像正在衝浪的樣子，所以我稱為衝浪式煞車。

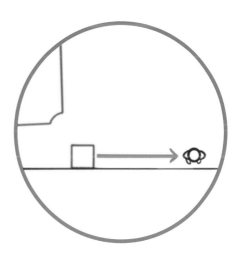

第二種因應動作：陀螺轉身

確定暴傳時，跑者做完小碎步煞車動作後，須右旋轉210度～225度左右，旋轉角度大小因人而異。在做完小碎步煞車動作後，要向右內轉90度，形成側跳動作做觀察，往二壘方向前進，因為內轉的過程中會將身體的動能吸收。

如果一開始還不能確定對方是否暴傳，你或許先要如前面提到的，以小碎步慢慢減緩的方式煞車；一旦發現對方暴傳後，由於原本的重心是一直往右外野的方向前進的，那麼在做內轉時，剛好可以藉由這個動力拉回身體的動能並往二壘去（如圖路徑A）。如果跑壘員做「外轉」，身體會被離心力帶出去，跑壘員跑的弧度就會較大（如圖路徑B），耗費的時間變更多了。

陀螺轉身
示範影片

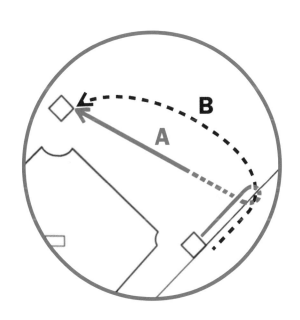

進行這個情境練習時，可以把自己想像成是一顆陀螺，順時針往內側旋轉，轉到二壘的方向後前進，在練習時搭配想像，就會比較好理解並容易完成動作！

前面教導了從本壘起跑，包含了正確踩壘、繞壘的基本情境，接下來讓我們以各個壘包說明上壘後的各種情境與練習。

位於一壘的跑者

跑壘員在一壘的情境與技巧。

跑壘員站上一壘後，要先確認所有內、外野手的站位。尤其必須最注意「右外野手」的守備位置，因為跑壘員一旦離壘，右外野手會在我們的正後方，跑者完全無法看見他的動向，所以了解每個野手的站位後，特別是右外野手，才能夠在第一時間去做進壘運算與跑壘判斷，同時也必須確認三壘指導員發出的暗號。

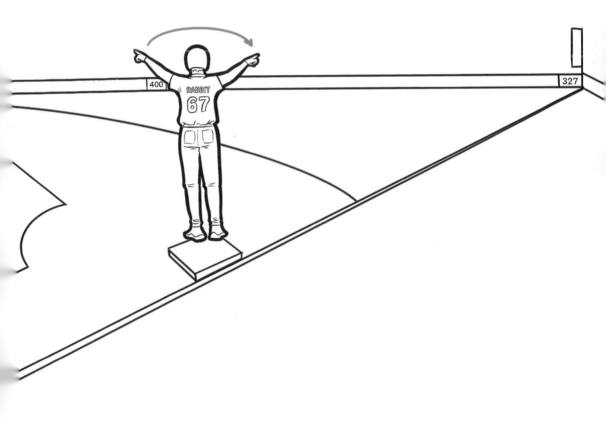

情境說明與技巧

　　跑者在一壘上，要根據打者的擊球內容做出判斷，並採取適合的跑壘策略，同時在壘上的跑者也可能會有「離壘」、「回壘」、「滑壘」與「盜壘」的動作，因此本章提供了四種跑壘的情境說明，並解說「離壘」、「回壘」、與「盜壘」的三種技巧。

情境 1　內野滾地球

　　跑者必須最快速往二壘滑壘，因為防守員可能準備做二壘的封殺，滑壘時單腿彎曲，伸出的腳則觸碰壘包如右圖的斜線部分。

滑下去時，膝蓋部分的髖骨必須朝著側面讓腳踝也可以是橫向的踩壘包。如果髖骨往上，腳尖會朝上，腳就會向上抬，整個人的重心也會後仰，而增加被觸殺的機會。

情境 **2**　內野穿越滾地安打

　　擊出左外野與中外野安打時，這兩個方向都在跑者的「正前方」所以能夠自行判斷，不過跑壘員需在跑壘線的「三分之二」處做出準備繞壘的弧形，且利用自己的視覺畫面，判斷該不該往下個壘包繼續進壘。

打者擊出中外野安打，
一壘跑壘員往二壘跑的
路徑與觀察視線。

打者擊出左外野安打，
一壘跑壘員往二壘跑的
路徑與觀察視線。

情境 **3**　右外野方向穿越安打

　　在確認球進入右外野管區後，需在跑壘線「三分之二」的地方做出繞壘的弧形，且直接將視線放在三壘指導員身上，按照三壘指導員的手勢，判斷是否要繼續往下個壘包推進。

三壘指導員

情境 4 無人出局或一人出局，當打者擊出內野平飛球

　　跑者離壘後，發現打者擊出內野平飛球時，跑壘員離壘重心須立即停止往前，並做好回壘的準備，當跑者第一時間沒有做煞車的動作，內野手接到球即刻回傳一壘，跑壘員會來不及回到一壘，導致雙殺守備。

跑壘員在一壘時
建議的「離壘」方式，如下：

右腳先離壘

跑壘員踩在壘包上，第一步用右腳先向前跨一步，換左
腳再向前跨一步，之後跑壘員轉身面向投手，再做一個
側併步。

30°

左腳先離壘

跑壘員踩在壘包上,第一步先用左腳啟動向前走一步,第二步直接轉身面向投手,第三步再做兩個側併步,所以會和右腳先離壘有相同的離壘距離。

30°

二次離壘（麥當勞跳）

跑壘員利用兩個側跳進行離壘，可稱為麥當勞跳，重點在於「第二拍」的側跳。第二拍的「右腳」下腳前，須配合打擊者剛好擊中球的瞬間，再去判斷是滾地球還是高飛球來延續接下來的跑壘模式。跑者做完兩個側跳離壘出去後，發現這顆球打者沒有揮擊或揮空時，這時跑者要用最快的速度回壘，若捕手已經做傳球的動作，跑者應使用撲壘的方式回壘，若不趕緊回壘，可能會被牽制出局。

麥當勞跳
示範影片

麥當勞跳的特別需知

因為一開始右腳是有點向外打開的情況，做側跳橫移前，第一步要先將右腳向前踩回雙腳平行的位置，再進行側跳的動作；因為一開始身體在打開的情況下做橫移，身體的動力是一直往中外野的方向，等於和二壘的距離又變得更遠。所以在做麥當勞跳前，需要先將腳向前踩回雙腳平行的位置，才能縮短往二壘跑的距離。

跑壘員回壘時，
建議回壘方式如下：

當投手牽制時，須快速橫移
轉身回壘（如圖）。

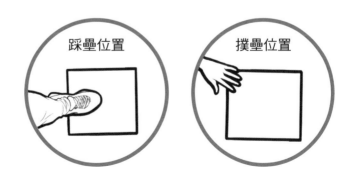

踩壘位置　　　　撲壘位置

踩壘回壘方式

使用右腳踩踏在壘包下半部（前緣中間）位置，呈現類似弓箭步的動作，因為跑壘員回壘踩踏完畢時，跑壘員身體會將接球員右半邊暴傳接捕的路徑擋住，要是此時投手牽制投偏了，接球員會因為你回壘的方式而造成接球上的阻礙，暴傳、失誤的機率也隨之提高不少 。

踩在壘包下半部（前緣中間）時，跑壘員的視角可以看到投手暴傳的所有角度，所以當暴傳一發生，跑壘員即可有最快的判斷速度，並將壘包當作起跑架，創造往下一個壘包的啟動動能，增加進壘的可能性。

撲壘回壘方式（海豚回壘）

跑壘員橫移轉身後，快速撲向壘包
右側角落（如圖所示）

撲壘的回壘方式練習，可以把自己想像成海豚，整個身體快速往一壘
撲去，讓身體的律動彷彿海豚般的躍動回壘！

從一壘盜壘的方式：

忍者式跑法

首先雙腳與肩同寬，右手置於腰間，左手自然垂下，右腳向右開45度
為準備動作。啟動時，身體先向右橫移，再利用右手做旋轉夾背動作
帶動左手、左腳往前，完成起跑動作。起跑後的兩、三步，必須保持
視線看著自己的腳尖，避免影響起跑速度。當完成起跑動作後，需將
視線轉往打者的方向，才能知道球擊出的狀況，以應變如何跑壘。

忍者式跑法

在一壘準備要盜壘的時候，會先側邊移動後起跑，這盜壘的準備與啟動姿勢是不是很像忍者呢？在進行基層教學時，我們可以跟初學者說這就像是忍者的跑法，以加深初學者的印象。

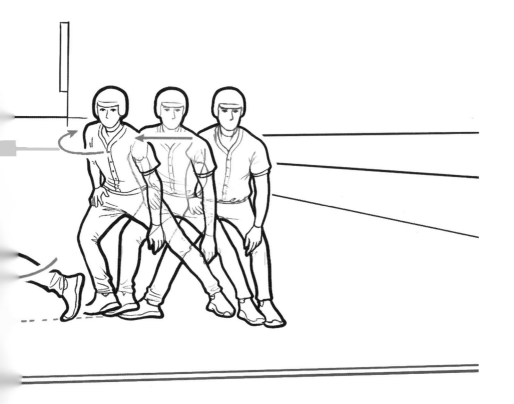

位於二壘的跑者

跑壘員站上二壘時，必須要注意以下幾點：

1. 確認三壘指導員發出的暗號，並且了解該如何去執行。
2. 確認完暗號之後，以「順時針」方向觀察守備員的各自站位。
3. 從三壘手開始觀察，依序游擊手、左外野、中外野、右外野、二壘手、一壘手，知道各自的站位，才能在二次離壘後，在打者擊出球時快速做出相對應的情境跑法。

二壘的離壘需知

跑者在二壘時，需要以個別跑壘員能力為主，概算出離壘的安全距離。假設在一壘的安全離壘距離為四步，在二壘時可以再多半步到一步的距離，因為投手板距離二壘壘包較一壘壘包遠，投手在牽制二壘所需的轉身角度也比牽制一壘來得大，而且投手還需要配合二壘手和游擊手的接球移動，所以跑壘員可以利用這些因素，增加離壘的距離。

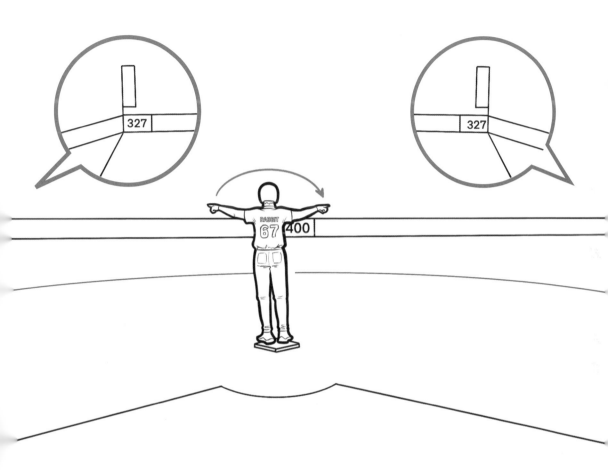

情境說明與技巧

　　跑壘員在二壘時，會有幾種不同的離壘方式，這裡提供幾種跑者在二壘的情境說明與練習：

平行式離壘

跑壘員面向內野，身體往三壘做平行移動的離壘動作（如圖），因為無人出局時，通常跑壘員的首要目標是往三壘做推進，當滾地球或是短打出現，能夠用最短的距離往三壘前進，搶進壘包。

要是發現球形成滾地穿越安打時，需快速從直線轉為圓弧形的繞壘，這樣通過三壘壘包時，才能夠盡量切成直線，往本壘前進。

400

平行

OUT ○ ○

情境 **2** 一人出局時

30度離壘

　　一人出局時，跑壘員可以以跑壘線與壘包30度的方向（如右下角副圖），抓約四至五步的離壘距離。如果出現可推進的內野滾地球，跑壘員必須馬上切換為直線快速搶進三壘（如附圖路徑A）；若出現安打時，跑壘員可直接採用弧形路線做繞壘的動作（如附圖路徑B）。

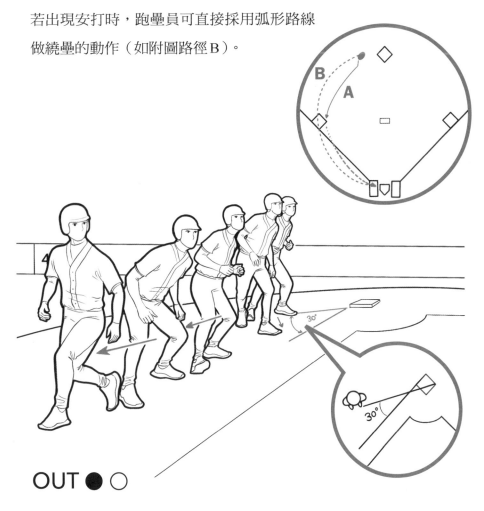

OUT ● ○

情境 3 　二人出局時

45度離壘

　　二人出局時，跑壘員可以以跑壘線與壘包45度的方向（如右下角副圖），抓約五至六步的離壘距離，這個情境的離壘距離會比一人出局時來得遠，因為在兩出局後，守備方通常會回到正常的守備位置，以擴大守備範圍。因為此時守備方只需專注在解決打者上，所以跑壘員可以拉大離壘角度，並且後退拉開距離，讓繞壘路線有最好的弧度做出漂亮的切角，以便繞過三壘時切成直線縮短跑壘距離，增加得分機率。

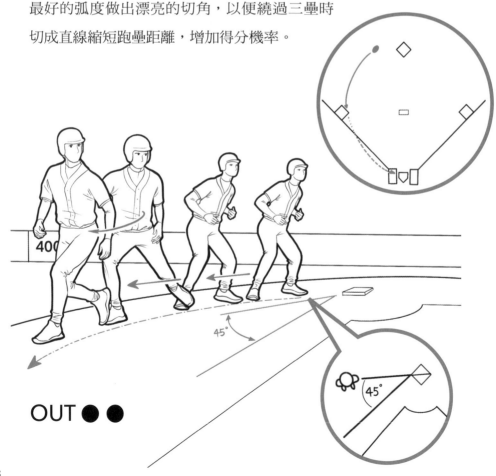

OUT ● ●

情境 4　無人出局或一人出局時，可往三壘推進的滾地球

當打者將球擊到投手的左半邊（球場右半邊），或穿越投手後在跑者的左半邊，跑者可往三壘推進。因為打者將球擊往投手的左半邊，會由二壘手或一壘手接捕，這時守備方將球傳向三壘的距離會比較長。

當打者擊出穿越投手的正面或投手右半邊（球場左半邊）滾地球時，而且游擊手的守備位置是在跑者的正後方或右後方，在這情況下，可往三壘做推進。因為游擊手往跑者的左半邊移動的時候，他的動力是往二壘前進，所以游擊手接到球後，離三壘的距離更遠了，動力往二壘的狀況下再做轉身傳三壘的力道就相對減弱許多，所以游擊手通常會選擇傳一壘。

若打者將球打在跑者左半邊沒有很遠的地方，而游擊手的位置在跑者的左後方，跑者不能往三壘前進，因為這時游擊手等同處理一顆正面的滾地球，在正面滾地球的狀況下，游擊手轉身傳三壘的機會很高，跑者也較容易被阻殺。

球穿越投手正面或右半邊，游擊手在跑者的右後方或正後方的跑壘示範影片。

球穿越投手左半邊，跑者往三壘前進的各種視角示範影片。

左外野高飛球，
讓身體右轉180度，作火雞跳轉身

跑者須讓身體向右轉一百八十度往左外野的方向看，
保持眼睛不離開球，且讓身體側跳觀察這顆高飛球。

中外野高飛球，
讓身體左轉180度，作火雞跳轉身

跑者須讓身體向左轉180度去觀察這顆高飛球，保持眼睛不離開球，並且讓身體側跳去觀察這顆高飛球。

火雞跳轉身

二壘跑壘員做二次離壘後，面對打者擊出中外野與左外野高飛球時，為了觀察高飛球的狀況，身體都必須轉身180度。練習圖中的情境與動作時，把自己想像成是一隻正在敏銳觀察環境的火雞，面對危機要迅速的轉身180度。

示範影片

右外野高飛球

跑者將脖子轉向右外野方向並保持側跳觀察場上的狀況。

情境 6　跑者在二壘二次離壘時，打者沒有擊球或揮空

　　捕手接到球時，跑者要快速回壘，因為在這個時間點，捕手如果回傳二壘，跑者沒有回壘就會被牽制出局。

位於三壘的跑者

我們通常稱三壘壘包為「Walking the base」，直接翻譯就是「一個走路的壘包」。

三壘離本壘已經不遠，也快得分了，所以當跑壘員來到三壘，必須更從容地判斷守備員的站位，以及投捕手配球的想法。這節我們要一起來練習各種情境的「繞壘」、「離壘」、「回壘」。

情境說明與技巧

情境 1

跑壘員在三壘時，守備員離壘包的距離，會決定跑壘員離壘的遠近。例如下頁圖離壘的距離會因守備員（三壘手）站位的不同，而有所改變。

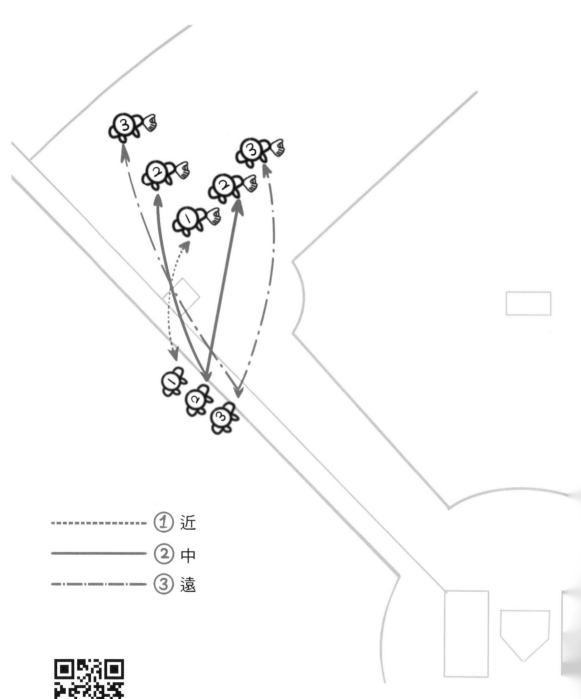

------------- ① 近

───────── ② 中

─ ·─ ·─ ·─ ③ 遠

跑者離壘與三壘手距
離關係示範影片。

離壘時，建議大象攻擊式離壘，因為用走的狀況下，在煞車的時候，身體所受到的反作用是最小的；如果用跳的，會讓身體承受很大的反作用力，相對地，當這顆球打者沒有做揮擊時，跑者必須花費更大的力量來回壘，這時會給身體帶來很多負擔，所以我們建議用走的離壘方式做判斷，要回壘時所需的負擔也較小，也能夠保持身體的彈性。

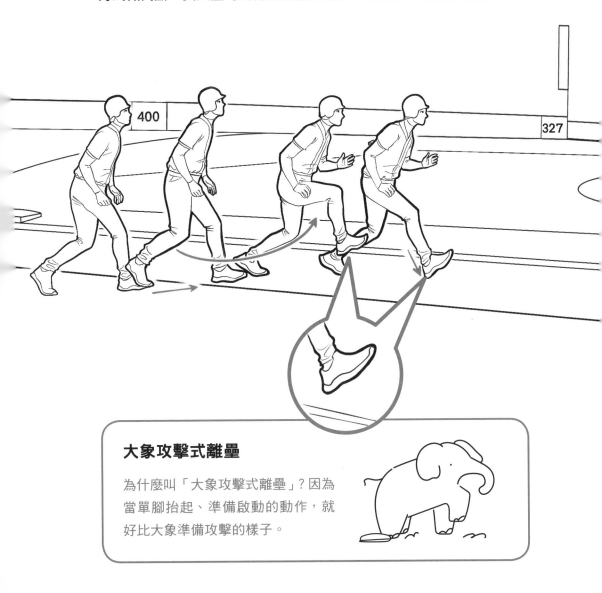

大象攻擊式離壘

為什麼叫「大象攻擊式離壘」？因為當單腳抬起、準備啟動的動作，就好比大象準備攻擊的樣子。

建議以與跑壘線約30度的位置去離壘，並且與界外線保持一點距離，因為比賽進行中，跑壘員在線內被球給擊到時，跑壘員會被判出局；所以跑壘員在三壘離壘時是採用「由外往內走」的方式離壘，且離壘時都是在線外進行。

打者沒有揮擊或揮空，且捕手接到球時，跑壘員應迅速由線外轉線內回到壘包，一方面可以擋住捕手傳球的路線，也能夠阻擋三壘手接球的路徑。要特別注意回壘時要跑在「線上」，因為捕手是在本壘後方做接球，接完球後退往三壘方向丟時，會因為跑壘員跑在線上並與捕手的傳球路徑成一直線，阻礙捕手傳球的路線。

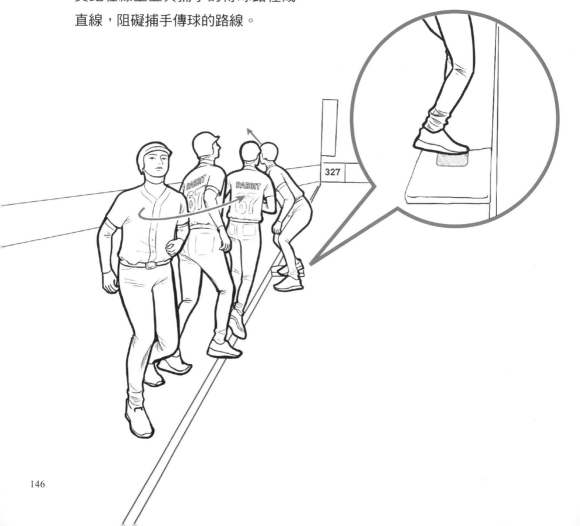

情境 2 「高飛犧牲打」跑法

　　三壘跑壘員二次離壘後，發現打者擊出高飛球且有機會形成高飛犧牲打時，跑壘員回壘第一個要確認的事，就是眼睛要盯著壘包中間要踩的位置（如圖）；再來就是將壘包的位置確實踩好；接著抬頭確認接球點，最後才是確認球碰觸手套時起跑。

右外野高飛犧牲打，
三壘跑壘員回壘位置
與視線。

中外野高飛犠牲打，
三壘跑壘員回壘位置
與視線。

要特別注意的是，如果是左外野界外的高飛犧牲打：

跑壘員需從左腳改成右腳踩壘，面向場外去看球，不要讓脖子扭轉成不舒服的狀態。

情境 **3** 跑者回本壘得分時的觸壘位置

　　如果跑壘員是以奔跑的方式回壘，跑壘員需快速地用右腳踩踏本壘板的中心（如圖）；如果是以用撲壘的方式回壘，跑壘員需用手摸向本壘板的外側，製造出守備員進壘做觸殺時需要的距離。

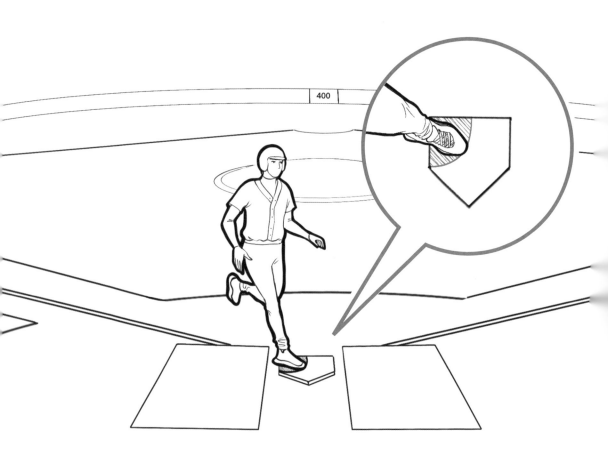

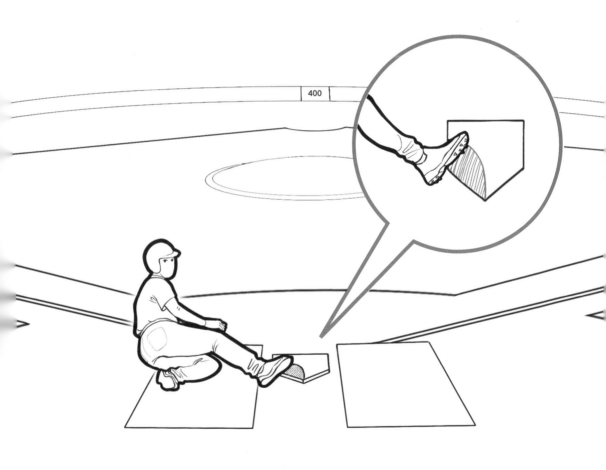

後記

為棒球教育
打下最穩固的基礎

在完成教材的架構後，我們舉辦了幾場跑壘訓練的課程，年齡層從國小二、三年級到高中三年級都有，涵蓋了社區棒球到傳統競技型的棒球強隊，在進行教學上當然都必須根據小選手的狀況去做調整，但可以發現基礎的跑壘方式、技巧、觀念，這些都是不變的，不同的是各種跑壘情境的設定與演練。

我曾跟國外的教練聊到了跑壘教學的現況，這位日本教練便提到在日本職棒追求的就是跑壘的極致，例如在進行繞壘時要盡量以最接近直角的方式來繞壘，因為這是距離下一個壘包距離最近的跑法。但因為以日本棒球教學來說，相關的技巧都已經有不錯的基礎，因此當進入到職棒這個棒球最高殿堂時，選手本身對於自己的能力相當了解，對於身體的掌控能力都相當優秀，因此除了在跑壘的技巧外，積極地去挑戰身體的極限、追求速度，我覺得這樣的拚勁的確是職棒選手應該具備的態度。

但回到台灣目前整個環境背景中，先把基礎做好再去追求進一步的技巧與速度的提升，才是比較適合的方式。在投入基層棒球的教學中，我都是從最基本的從本壘直線衝向一壘開始練習，看似簡單的動作，似乎人人都會「跑」的最基礎的跑壘，其實光要把腳踩在壘包正確的位置上，連高中棒球員都會有人無法順利的完成，我們平常棒球的訓練很少教導選手正確的跑壘，所以高中生在跑壘的過程中踩踏不到正確的位置其實也不讓人意外了，這些教學經驗也讓我知道，在基層的教學與練習中真的沒有捷徑，基礎的打底真的相當重要。

在跑壘課程的準備中也發現，台灣根本買不到關於跑壘的相關設備與護具，例如滑壘練習墊、滑壘護腳套，別說基層球隊沒有這些練習用器材，連職業球隊也幾乎沒有使用這些器具，為了讓選手能更安全的進行跑壘與滑壘的練習，這些安全的器材與護具都得想辦法自己製作，由此可知台灣跑壘的教學與訓練真的是充滿困境哪！

以這幾次實際的教學經驗，一支球隊約三十位選手，學習初階的跑壘，三個小時能學習到的技巧並不多，大概只能進行本壘與一壘的跑壘與初階情境練習，可以知道跑壘的訓練其實是需要花很多時間才能奠定好基礎的。期許這本初階的專書，能讓大家對於跑壘的基礎有更多的認識，也歡迎大家在實際練習後可以到我的粉絲團給予回饋或是建議。

參考資料

- Shenk, L. (2016, May 12). Why is home plate shaped different than other bases? Retrieved April 14, 2021, from https://www.mlb.com/news/why-is-home-plate-shaped-different-than-other-bases-c177695752

- Miklich, E. (2016). Evolution of the batter's area. Retrieved April 14, 2021, from http://www.19cbaseball.com/field-2.html

- Miklich, E. (2016). The batter's area and position (Pre-1856 to 1872) continued. Retrieved April 14, 2021, from http://www.19cbaseball.com/field-4.html http://www.19cbaseball.com/field-5.html

- Hagerty, T. (2016, October 17). All about THAT base: The minor leaguer who invented modern MLB bases. Retrieved April 14, 2021, from https://www.sportingnews.com/us/mlb/news/jack-corbett-hollywood-bases-mlb-invented-baseball-first-base-old/78rdj6ne9x2a1twyz4oubl13k

- Wulf, S. (2014, May 09). Base-maker: The Jack CORBETT STORY. Retrieved April 14, 2021, from https://www.espn.com/mlb/story/_/id/10902551/mlb-jack-corbett-father-modern-base-more

- Field dimensions: Glossary. (MLB). Retrieved April 14, 2021, from https://www.mlb.com/glossary/rules/field-dimensions

- Alexander Cartwright：Retrieved Feb 14, 2022，from https://baseballhall.org/hall-of-famers/cartwright-alexander

- Babal M. (2018). Father of modern baseball took game from New York to Hawaii. Retrieved Feb 14, 2022，from https://www.wellsfargohistory.com/father-of-modern-baseball-took-game-from-new-york-to-hawaii/

- Thorn, J. (2020, October 24). Home plate. Retrieved April 14, 2021, from https://ourgame.mlblogs.com/home-plate-bb632abd0686

- Baseball (Online Etymology Dictionary). (n.d.). Retrieved April 14, 2021, from https://www.etymonline.com/word/baseball

- Ginsburg, D. (n.d.). Robert M. Keating, Inventor. Society for American Baseball Research – Research Journal Archives. Retrieved from http://research.sabr.org/journals/robert-m-keating

- Howell, J. (2014, January 26). There's No Plate Like Home [Web log post]. Retrieved April 15, 2021, from https://thebaseballbloggess.com/2014/01/26/theres-no-plate-like-home/

- Morris, P. (2006). A game of inches: The stories behind the innovations that shaped baseball: The game behind the scenes. In *A game of inches: The stories behind the innovations that shaped baseball: The game behind the scenes* (pp. 385-387). Chicago: Ivan R. Dee.

Patent Number / Date Patented	Name of Invention	Inventor	Link
US1244044A Oct. 23, 1917	Base for base-ball grounds	Snydor M Falconer Sr. Hope H Falconer	https://patentimages. storage.googleapis. com/fd/c0/ef/ 6d5ccdf3ad7267/ US1244044.pdf
US2046126A June. 30, 1936	Base for the game of baseball	Harry B Latina (current assignee: Rawlings Manufacturing CO)	https://patentimages. storage.googleapis. com/ae/bb/85/ 7381c5dd16ed48/ US2046126.pdf
US2122266A Jun. 28, 1938	Base Plate for Baseball Diamonds	John O Seys	https://patentimages. storage.googleapis. com/b6/6d/d2/ 53591fed4e55f0/ US2122266.pdf
US3938804A Feb. 17, 1976	Safety Base for Athletic Events	Arthur Eugene Willett	https://patentimages. storage.googleapis. com/86/18/8b/ 3eb20c88ee14aa/ US3938804.pdf

國家圖書館出版品預行編目（CIP）資料

圖解跑壘學全書：要得分，就得學會怎麼跑壘／
　許峰賓，周思齊著著.
　-- 初版. -- 新北市：臺灣商務印書館股份有限公司, 2022.05
　160 面；17×23 公分（Ciel）

　ISBN 978-957-05-3404-7（平裝）

　1. CST：棒球

528.955　　　　　　　　　　　　　　　　111002340

Ciel

圖解跑壘學全書
要得分，就得學會怎麼跑壘

作　　者—許峰賓、周思齊

發 行 人—王春申
選書顧問—林桶法、陳建守
總 編 輯—張曉蕊
特約編輯—賴譽夫
協力編輯—翁靜如
封面設計—萬勝安
內頁設計—黃淑華
攝　　影—石吉弘
營業部副理—蘇魯屏
業務組長—王建棠
行銷組長—張家舜
影音組長—謝宜華
插　　畫—湧新設計顧問有限公司

出版發行—臺灣商務印書館股份有限公司
　　　　　23103 新北市新店區民權路 108-3 號 5 樓（同門市地址）
　　　　　電話：（02）8667-3712　　傳真：（02）8667-3709
　　　　　讀者服務專線：0800056193
　　　　　郵撥：0000165-1
　　　　　E-mail：ecptw@cptw.com.tw
　　　　　網路書店網址：www.cptw.com.tw
　　　　　Facebook：facebook.com.tw/ecptw

EISBN—978-957-05-3404-7

局版北市業字第 993 號
初　　版—2022 年 05 月
初　　版—2022 年 06 月 2.9 刷
印 刷 廠—鴻霖印刷傳媒股份有限公司
定　　價—新臺幣 550 元